schräge orte

STARKE PLÄTZE

Kurioses
und Entlegenes
in NRW

Cornelia Müller

schräge orte

STARKE PLÄTZE

Kurioses und Entlegenes in NRW

Unter Mitarbeit von
Martin Stankowski, Sabine Jäger,
Waltraud Murauer
und Matthias Hennies

WDR 5

J.P. BACHEM VERLAG

Umschlagabbildungen (Fotos: Katja Mees, Köln):
Oben, v.l.n.r.: Fischerei-Museum, Troisdorf-Bergheim;
Zeittunnel Wülfrath; Montana-Ranch Duisburg-Rheinhausen
Mitte, v.l.n.r.: Kapelle Beth-Jerusalem, Neersen;
„Rheinorange", Duisburg
Unten: Paramentenweberei Hubert Gotzes, Krefeld

Die Deutsche Bibliothek – CIP-Einheitsaufnahme
Ein Titeldatensatz für diese Publikation
ist bei Der Deutschen Bibliothek erhältlich.

1. Auflage 2004

Umschlag- und Innengestaltung: Eva Kraskes, Köln
Lektorat: Katharina Tilemann, Köln
Reproduktionen: Reprowerkstatt Wargalla, Köln
Druck: Druckerei J. P. Bachem GmbH & Co. KG, Köln
Printed in Germany
ISBN 3-7616-1852-2

www.bachem-verlag.de

INHALT

DAS GLÜCK DER NEUGIER

Zum Glück zählt die Neugier nicht zu den verfemten Lastern wie der Geiz oder die Habgier, sondern kommt im christlichen Lasterkatalog überhaupt nicht vor; und wenn, gehörte die Neugier auch eher zu den Tugenden. Denn sie ist der wichtigste Trieb eines Journalisten und Reporters, ohne den er nichts zu erzählen oder zu zeigen hätte. Die Neugier ist sein Seismograph, der ihm die Besonderheiten im Alltag zeigt. Dabei sind die „schrägen Orte" im Lande, die in der gleichnamigen Sendung auf WDR 5 jeden Sommer regelmäßig vorgestellt werden, zunächst ja nichts Besonderes. Sie sind öffentlich zugänglich, nicht geheim, der eine oder andere kennt sie. Zu „starken Plätzen" werden sie unter dem abschätzenden Blick des suchenden Zeitgenossen, der das Besondere im Alltäglichen zu entdecken vermag.

Das mittlerweile zum Modewort avancierte „schräg", das von der Architektursprache längst ins Charakterfach gewechselt ist, geht auf die indoeuropäische Wurzel „sker" zurück. „Drehen" bedeutete das und „kreisend bewegen", und das drückt ziemlich genau aus, was wir schon seit fünf Jahren machen. Von Köln aus, aber längst nicht aufs Rheinland begrenzt, bewegen wir uns kreisend voran, immer auf der Suche nach neuen Orten, die uns faszinieren und zugleich etwas Besonderes bedeuten, wenn wir uns auf sie einlassen. Das hat nichts mit Magie zu tun, es geht nicht um eine Aura „starker Plätze", die angeblich unabhängig von den Menschen existiert, sondern gerade um ihre Interpretation durch die Augen und später den Mund des Reporters. Ihre Bedeutung liegt in der Deutung.

Im Mittelalter gab es ein Wort „schregeln", und das meinte das kreuzweise Verbinden von Stützen, etwa von Füßen unter einem Tisch, und legt eine weitere Verwandtschaft zum „schräg" offen. Das ist eine schöne Definition, das Verbinden, das Kombinieren, das Zusammenfügen zu einer Basis oder einem Gerüst - und das haben wir ja auch ständig in dieser Serie gemacht: Dinge zusammengefügt durch Interpretation, ihre Geschichten erzählt und ihren Nutzen erforscht, die Menschen befragt, die diese Orte gestalten oder verwalten.

Es ist sicher kein Zufall, dass man es dabei oft mit Leidenschaften zu tun hat, mit frommen Leidenschaften, wenn es um religiöse Orte geht wie Kirchen oder Tempel. Oder mit der schöpferischen Leidenschaft, die Welt neu zu schaffen, was jeder Sammler im Grunde will, der zusammenträgt, was nie zusammen war. Ausschließlich dieser Leidenschaft haben wir Museen, Sammlungen, Schauräume und alles Ähnliche zu verdanken.

Häufig haben die besonderen Orte auch mit der Sehnsucht nach Ewigkeit zu tun. Denn das ist doch der Wunsch der meisten, die etwas Besonderes schaffen, ein Kunstwerk, ein Gebäude oder ein Denkmal, das länger existiert als sie selber und über ihren Tod hinausreicht: Sie wollen nicht in Vergessenheit geraten. Dazu tragen wir bei, wenn wir uns auf Friedhöfe, zu Gruften oder Gräbern begeben, an sie erinnern und sie - und sei es nur für eine kurze Sendezeit - dem Vergessen entreißen.

Es gibt allerdings auch starke Plätze, die vergessen wurden, weil die Nachgeborenen an ihnen nicht mehr interessiert waren oder sind. Oder es wurden Mythen um sie herum erfunden, die mit der historischen Wahrheit überhaupt nichts mehr zu tun haben. Diese Orte muss man bisweilen von den Schichten des Vergessens befreien, sie wieder frei legen. Dann entdeckt man das Besondere, das Überraschende. Und dabei kann es sich manchmal sogar um das ganz Normale handeln, wenn es nicht in Vergessenheit geraten wäre.

In diesem Sinne gibt es noch viele schräge Orte und starke Plätze im Lande zu entdecken, die trotz aller Unterschiede doch eines gemeinsam haben: Alle haben mit Menschen zu tun, mit ihrer Leidenschaft oder mit ihrer Arbeit und bisweilen sogar mit ihrer leidenschaftlichen Arbeit.

Martin Stankowski

1

PÄDAGOGISCH WERTVOLL?

Die „Schwarze Hand“ in Bödefeld

Bödefeld ist ein schönes Dorf im Hochsauerland, mit freundlichen Fachwerkhäusern, einer im Kern barocken Pfarrkirche und rund 1200 rechtschaffenen Einwohnern. Zumindest darf man vermuten, dass die Bürger von Bödefeld einen besonderen Respekt vor dem 4. Gebot haben, das da lautet: „Du sollst Vater und Mutter ehren!“ Denn die älteren Bödefelder können sich noch erinnern, dass der Pfarrer während des Kommunionsunterrichts eine Zigarrenkiste geöffnet hat, in der eine schwarze, mumifizierte Hand lag: die Hand eines Kindes. Dazu wurde den schaudernden Kindern eine gruselige Geschichte erzählt:

„Ein Mädchen hatte einst in bösem Zorn nach der Mutter geschlagen; kurz darauf ist es gestorben und wurde auf dem Friedhof neben der Bödefelder Kirche begraben. Am folgenden Tag bemerkte der Küster, dass die rechte Hand des toten Mädchens aus dem Grab ragte. Der Pfarrer kam und drückte die Hand wieder unter die Erde, aber immer wieder wuchs der Arm aus dem Grab. Da erkannte der Pfarrer, dass Gott hier

Pfarrkirche St. Cosmas und Damian in Bödefeld

Die „Schwarze Hand“ in der Turmhalle

→ ADRESSE/ANFAHRT

Pfarrkirche St. Cosmas und Damian in 57392 Bödefeld-Freiheit (Großgemeinde Schmallenberg). Die weiße Kirche ist nicht zu übersehen, die Hand liegt in einer Vitrine in der Turmhalle.
Bödefeld liegt zwischen Winterberg und Meschede, von Meschede mit dem Bus Linie 349 und 464.

ein Zeichen setzt als Warnung an alle Kinder, sich nicht an den Eltern zu vergreifen. Er schnitt die Hand ab und verwahrte sie in der Kirche als sichtbare Mahnung für die Beachtung des 4. Gebotes.“

Etwas nüchterner ist eine zweite Legende, die sich um diese schwarze Hand rankt. Sie geht von dem alten, strengen germanischen Strafrecht aus, nach dem Kindern, die ihre Eltern geschlagen hatten, die rechte Hand auf der Gerichtsstätte abgehackt worden sei. Das erklärt aber nicht die Tatsache, warum diese Hand aufgehoben wurde und warum sie nicht verwest ist. Denn das „Corpus delicti“ existiert bis heute; jeder, der die Kirche St. Cosmas und Damian betritt, sieht sofort in der Turmhalle eine beleuchtete kleine Nische, in der hinter Glas und auf einem seidenen Deckchen die Hand ausgestellt ist: Sie sieht ledrig aus, ist aber schmal und fein, mit leicht gekrümmten Fingern. Es könnte die Hand eines etwa 10-jährigen Kindes sein.

Eine Tafel an der Wand beruft sich bei der Erklärung dieses makabren Schaustückes auf Johann Suitbert Seibertz. Der Geschichtsforscher hatte sich in seiner 1864 erschienenen Landes- und Rechtsgeschichte des Herzogtums Westfalen mit dieser schwarzen Hand beschäftigt und ist zu folgendem Resultat gekommen: Der mumifizierte Körperteil wurde 1722 beim Neubau der Pfarrkirche in einem Sarg gefunden, schwarz, unverwest und augenscheinlich mit einem scharfen Instrument vom Arm getrennt. Seibertz sieht in ihm ein Zeugnis für den alten Rechtsbrauch, nach dem man den Mörder eines Erschlagenen durch ein Gottesurteil zu überführen suchte. War ein mutmaßlicher Mörder nicht geständig, führte man ihn zur Leiche des Opfers oder zu dessen abgetrennter rechter Hand: Trat aus der Wunde daraufhin wieder Blut, galt dies als Zeichen seiner Schuld.

Rechtshistoriker jedoch deuten die Hand ganz sachlich. Es existieren noch an anderen Orten mumifizierte Hände, denn es gab einst das mittelalterliche Prozessverfahren der ‚Klage mit der toten Hand'. Das heißt, man verwahrte die rechte Hand eines Ermordeten an Stelle des ganzen Körpers bis zum Prozess als Beweismittel. Demnach wäre das Kind, dem diese Hand einst gehörte, ein armes Opfer, und kein Täter, wie die Legende behauptet. Und die Hand selber ist auch keine Reliquie, kein Zeugnis eines frommen Zaubers, sondern lediglich ein handgreifliches Denkmal mittelalterlicher Rechtsgeschichte.

Besonders sehenswert sind außerdem die barocke Fassade der Kirche mit den Statuen der Heiligen Cosmas und Damian und der Maria Immaculata, und im Inneren die barocke Ausstattung der Kirche mit Hochaltar, Seitenaltären, Kanzel und Kommunionbank. Wanderer finden reizvolle Wanderwege rund um den Kreuzberg mit Kreuzkapelle und Kreuzweg; im Winter locken Langlaufloipen und am Hang des 818 Meter hohen Hunau der längste Ski-Lift des Sauerlandes.

2

EIN WALLFAHRTSORT FÜR AUTOFAHRER

Der „decke Tönnes“ im Wald bei Bad Münstereifel

Der „decke Tönnes“ ist von allen Seiten her gut zu erreichen: Wanderer können von Bad Münstereifel aus nach Rodert aufsteigen, von dort geht es über den Effelsberger Weg noch ca. vier Kilometer immer geradeaus durch den Wald bis zu der kleinen Kapelle. Auch Autofahrer kommen auf der Strecke von Bad Münstereifel nach Effelsberg unweigerlich am „decke Tönnes“, auf hochdeutsch: am heiligen Antonius, vorbei. Und viele Wagen halten dort auch an; es vergehen kaum fünf Minuten, in denen nicht jemand kurz aussteigt, in der kleinen Kapelle vor der Statue des Heiligen eine Kerze anzündet und anschließend weiterfährt.

Die rußgeschwärzte Holzskulptur ist hinter dem Meer hell flackernder Flammen kaum zu erkennen. Das Standbild des Antonius ist ca. lebensgroß. Jüngste Untersuchungen haben ergeben, dass es im 15. Jahrhundert geschnitzt wurde, und zwar im Kloster Steinfeld. Aller-

ADRESSE/ANFAHRT

Zu Fuß: Von Bad Münstereifel aus nach Rodert aufsteigen; von dort geht es über den Effelsberger Weg noch ca. vier Kilometer immer geradeaus durch den Wald bis zu der kleinen Kapelle.
Mit dem Auto: Von der Münstereifeler Umgehungsstraße in die L 234 abbiegen (Schleidtalstraße) Richtung Effelsberg; dann liegt die Kapelle nach wenigen Kilometern rechts beim Wanderparkplatz „Decke Tönnes“.

Ansicht der Kapelle

dings handelt es sich bei der Figur in der Kapelle um eine Kopie; das Original steht heute gut geschützt in der Pfarrkirche von Effelsberg. Der Heilige ist mit einem faltenreichen Gewand bekleidet und trägt eine glatte Kappe auf dem Kopf. Der lange Bart fällt ihm bis auf die Brust; in der rechten Hand hält er einen Stab mit Glöckchen, in der linken ein Buch. Es ist Antonius, der Einsiedler, der im Rheinland auch volkstümlich ‚Ferkestünn' genannt und oft in Begleitung eines Schweins gezeigt wird. Hier sitzt jedoch kein Schwein zu seinen Füßen, sondern ein Drache als Symbol der teuflischen Versuchungen, denen er in seiner Einsamkeit ausgesetzt war.

Der heilige Antonius wurde im 3. Jahrhundert als Sohn reicher Christen in Ägypten geboren. Die Legende erzählt, dass er sich mit 20 Jahren einen Satz aus dem Matthäus-Evangelium zu Herzen nahm: „Willst du vollkommen sein, so gehe hin, verkaufe, was du hast, und gib es den Armen." Er verteilte tatsächlich all sein Gut an die Armen und zog sich in die Einöde der Wüste zurück, um ein gottgefälliges Leben zu führen. Dort erschien ihm der Teufel in vielerlei Gestalt, aber der Heilige widerstand allen Anfechtungen. Bald scharte sich ein Kreis von Bewunderern und Jüngern um Antonius, sodass er schließlich ein Kloster gründete und daher als Vater des Mönchtums gilt. Im gesegneten Alter von 105 Jahren soll er gestorben sein, nach einem Leben voller wundertätiger Ereignisse, aber auch des politischen Engagements, denn Antonius setzte sich vehement gegen die Christenverfolgung ein.

Kerzen vor dem ‚decken Tönnes'

Der Heilige wird als Patron der Haustiere und der Viehhirten verehrt, aber auch als Schutzheiliger der Bürstenmacher und Metzger. Darüber hinaus wird er bei Pest, Feuersbrunst und ansteckenden Krankheiten angerufen. Warum er aber hier im Wald bei Bad Münstereifel für Reisende und Autofahrer eine so große Bedeutung hat, hängt vermutlich mit der Geschichte des Standbildes zusammen:

Urkunden belegen, dass an der Stelle der heutigen Kapelle vor Jahrhunderten ein Bauernhof bewirtschaftet wurde, der sich vermutlich im Besitz der Stiftskirche Münstereifel oder des Liebfrauenstiftes von Prüm befand. Von dort wurden die Schweine zur Eichelmast in den Wald getrieben und von dem hölzernen Standbild des Heiligen bewacht.

Von dem Bauernhof gibt es keine Spur mehr, aber der alte Pilgerweg von Münstereifel zum Michelsberg führt noch immer am ‚decke Tönnes' vorbei, der Jahrhunderte lang ungeschützt Regen und Sonne aushalten musste.

Der heilige Antonius

Blick auf den Altar der
Pfarrkirche in Effelsberg

Erst um 1900 bekam er seine Kapelle. Ein Holzfuhrmann, so erzählt es die Legende, soll auf dem Weg zur Ahr bei der Statue Rast gemacht haben; aus einer Laune heraus rieb er dem Heiligen ein Stück Speck um den Mund, um ihm an seinem Mahl teilhaben zu lassen. Da kippte die Figur um und begrub den Mann unter sich. Er konnte sich erst befreien, nachdem er dem Heiligen ein Häuschen versprochen hatte.

So kam es, dass der ‚decke Tönnes' ein beliebter und volkstümlicher Wallfahrtsort für Reisende wurde. Auch die freiwillige Feuerwehr hat dort ihr Fahrzeug segnen lassen. Es passt ganz gut, dass der heilige Antonius immer noch einsam im Wald steht, schließlich hat er sein Leben als Einsiedler verbracht.

3

DAS HEILIGE LAND AM NIEDERRHEIN

Die Kapelle Beth-Jerusalem in Neersen

Die Kapelle in Neersen unweit der Autobahn ist auf den ersten Blick nichts Besonderes: eine einfache, gelb getünchte Kirche aus der Barockzeit in einer Grünanlage, mit Rundbogenfenstern und einem kleinen Dachreiter; nichts, was den Namen der Kapelle, Klein-Jerusalem oder Beth-Jerusalem, erklärte. Betritt man aber über eine Treppe an der Längswand das Innere, fällt der Blick sofort auf eine mächtige, personenreiche Kreuzigungsgruppe im Altarraum: Um den Gekreuzigten und die beiden Schächer stehen Maria und Johannes und zwei weitere, vornehm gekleidete Frauengestalten. Vor dem Kreuz hat sich Maria Magdalena auf die Knie geworfen, ganz rechts hält ein Mann eine Lanze; es soll Longinus sein, jener Soldat, der Christus die Seitenwunde zugefügt hat. Die annähernd lebensgroßen Holzfiguren stammen aus unterschiedlichen Epochen, die älteste wurde im 16. Jahrhundert geschnitzt, die jüngste im 19. Jahrhundert. Sie passen jedoch alle recht gut zusammen und schildern anschaulich das Karfreitagsgeschehen auf Golgatha; sogar der Spalt im Fels wurde nicht vergessen.

Außenansicht der Kapelle

Dem Kalvarienberg gegenüber steht innerhalb der Kapelle ein weiteres Kapellchen, ein würfelförmiger Holzbau mit einem kleinen Turm und einem rundbogigen Eingang. Es ist die Nachbildung des heiligen Grabes in Jerusalem; keine genaue Kopie, aber wer mit der Geschichte des Grabes vertraut ist, erkennt das Grundmuster: Unter Konstantin dem Großen wurde die Grabstätte Christi aus dem Felsen herausgeschält und architektonisch eingefasst; dabei blieb die Unterteilung in einen Vorraum, die so genannte Engelkapelle, und in die Grablege bewahrt. In späteren Jahrhunderten erhielt das Grab dann seine typische architektonische Hülle: ein kubischer Bau mit einem Türmchen. So wurde das Grab Christi nach zahlreichen Bränden und Zerstörungen auch immer wieder aufgebaut, und diesem Muster folgt auch die Nachbildung in Neersen. Hinter dem Eingang liegt hier ebenfalls die Engelkapelle; benannt nach der Begegnung der drei Frauen mit dem Engel, der ihnen die Auferstehung verkündete; eine farbige, barocke Wandmalerei illustriert die Geschichte. Um zum eigentlichen Grab zu gelangen, muss man sich bücken,

Kalvarienberg in der Kapelle Klein-Jerusalem

denn der Durchlass zum nächsten Raum ist sehr niedrig. Eigentlich müsste das Grab leer sein, aber hier liegt ein hölzerner Christus darin, während der Auferstandene als Fresko an der Wand darüber schwebt.

Mit dem Kalvarienberg auf der einen und dem heiligen Grab auf der anderen Seite enthält die Kapelle alles, was ihren Namen Klein-Jerusalem begründet; Kreuzigung und Tod Jesu werden dem Besucher lebhaft und eindrücklich vor Augen geführt. Aber das ganze Heilsgeschehen ist nicht vollständig ohne seinen Anfang, ohne die Mensch-

Geburtsnische mit Marienstatue und Reliquienkästchen

werdung Christi, und tatsächlich wurde dieser Teil nicht ausgespart: Zwei Treppen führen in die Unterkirche, in die Geburtsgrotte von Bethlehem. Der Grundriss entspricht, abgesehen von den Maßen, wieder ziemlich genau der Aufteilung der originalen Geburtsgrotte im Heiligen Land; sogar der Stern, der dort im Fußboden die Stelle der Geburt markiert, ist hier ebenfalls vorhanden, genauso wie die höhlenartige Nische, in der die Krippe gestanden haben soll. Ein Nebenraum ist dem heiligen Josef und der Ermordung der unschuldigen Kinder durch Herodes gewidmet, in einem anderen repräsentieren vier Steinblöcke die Sarkophage der Heiligen Hieronymus, Eusebius, Paula und Eustochium, die lange Jahre in Bethlehem gelebt hatten und sich in unmittelbarer Nähe der Geburtsstätten begraben ließen.

Jetzt, wo deutlich geworden ist, dass alles in der Kapelle von den ersten und letzten Tagen des Heilands kündet, bekommen auch die Einzelheiten des Außenbaus und der Umgebung ihren Sinn: die Kreuzwegstationen, die neben dem Kirchlein stehen, spielen auf die Via Dolorosa an; die den Bau einfassenden Hecken sind als Mauern des Tempels von Jerusalem zu deuten, und die steile Treppe ins Innere kann als Treppe des Pilatus angesehen werden.

Es gibt viele Nachbildungen des Heiligen Grabes, aber keine, die zudem die Stätten der Geburt wiedergibt und somit sozusagen das ganze Heilige Land unter einem Dach darstellt.

Die Idee zu diesem frommen Abbild der heiligen Stätten in Palästina hatte Gerhard Vynhoven. Vynhoven wurde 1596 als Sohn vermögender Bauern geboren; er konnte studieren, wurde Priester und ein engagierter Lehrer. 1625 brach er zu der damals nicht ungefährlichen Pilgerreise ins Heilige Land auf; drei Jahre später kehrte er zurück, mit vielen Aufzeichnungen und Reliquien im Gepäck – und mit einer ganz besonderen Ehre. Gerhard Vynhoven war in Jerusalem zum Ritter des Heiligen Grabes geschlagen worden, ein Ritterschlag, der auf die Zeit der Kreuzzüge zurückgeht. Hoch stehende Wallfahrer wurden zum Ritter gekürt mit der Verpflichtung, nicht nur das Heilige Grab zu beschützen, sondern sich auch in der Heimat für den Erhalt des Glaubens einzusetzen. Zurück am Niederrhein, wurde Gerhard Vynhoven Pfarrer in Osterath. Um 1642 kam der Dreißigjährige Krieg in diese Gegend; Hunger und Seuchen brachen aus, feindliche Truppen machten das Land unsicher und steckten auch die Kirche von Osterath in Brand; Vynhoven konnte sich in letzter Minute vom Glockenturm abseilen. Möglicherweise hat er in diesem Moment den Schwur getan, die Kapelle Beth-Jerusalem zu stiften; vielleicht hatte er aber auch schon während seiner Pilgerreise den Entschluss gefasst. Auf jeden Fall begann der fromme Priester 1654 mit dem Bau des Kirchleins, den er aus eigenen Mitteln finanzierte, das heißt mit seinem Erbe und mit dem Sold, den er als Feldkaplan im Heer des Reitergenerals Jan van Werth verdient hatte. Darüber hinaus ließ er neben dem Gotteshaus eine Schule und ein Rektoratsgebäude errichten. 1659 war die Kapelle fertig, und man konnte die Einrichtung bestaunen, den „stall und krip Christi, den heiligen Berg Calvaria und das grab des herrn, wie in Jerusalem zu sehen" – nicht zu vergessen die

Nach dem Tod von Vynhoven haben die Zeitläufe das Gesicht der Kapelle verändert und beeinflusst: Im 18. Jahrhundert übernahm das Minoritenkloster in Neersen die Kapelle und verlängerte das Kirchenschiff; nach dem Ende der französischen Herrschaft zu Beginn des 19. Jahrhunderts war der Bau in sehr schlechtem Zustand und wurde renoviert. Aus dieser Zeit stammen auch die Grabwächter, die an die Außenwand des heiligen Grabes gemalt worden sind.

Reliquien, die Knochensplitter und Holzspäne, die Vynhoven aus Palästina mitgebracht hatte und die Beth-Jerusalem sofort in den Rang einer Gnadenkapelle und Wallfahrtsstätte erhoben haben.

Gerhard Vynhoven hat selber fleißig für den Besuch seiner Kapelle geworben, unter anderem mit einer Landkarte, auf der die Wegstunden von verschiedenen Orten im Umkreis nach Neersen vermerkt sind. Zum Beispiel konnte der fromme und wohl auch rüstige Pilger dieses heilige Land von Neuss aus in 3¼ Stunden erreichen, von Düsseldorf aus in fünf. Es wird von zahlreichen Heilungen berichtet; Vynhoven selbst sprach allerdings nicht von Wundern, sondern von Besserungen. Die Krankenheilung stand bei ihm ohnedies nicht im Vordergrund, ihm ging es um das Seelenheil. Er wollte in den politisch und religiös unruhigen Zeiten den Glauben der Menschen stärken, ihnen auf sinnliche und anschauliche Weise das Leben und die Passion Christi vor Augen führen und ihnen damit die Gewissheit auf Erlösung zusichern.

Am 14. März 1674 starb der tüchtige Pfarrer und fand seinem Wunsch entsprechend in der Unterkirche seine letzte Ruhe. Auf der in die Wand eingelassenen Grabplatte kniet Vynhoven vor dem gekreuzigten Christus, gekleidet in die geistliche Tracht seiner Zeit, und mit langem Haar und Spitzbart. Eine Inschrift verkündet, mahnt und bittet in lateinischer Sprache und mit barockem Gefühl:

Das heilige Grab

Fresken in der Engelkapelle

„Gerhard, der Christus aus frommer Liebe diese schöne Kapelle erbaut und die Herde in Liebe und Frömmigkeit unterwiesen hat, liegt hier begraben, gleich einem gefällten, duftenden Baum. Lebewohl sagt er dir und dieser Kapelle. Lebe wie einer, der mit den Seligen im Himmel dereinst vereint sein soll!
O du, wer du auch bist, Sterblicher, stehe still, schaue und weine!
Ich bin, was du sein wirst, ein wenig Asche.
Bete für mich, ich bitte dich!“

ADRESSE/ANFAHRT

Wallfahrtskirche Klein-Jerusalem, Vinhovenplatz, 47877 Willich-Neersen. Anfahrt mit dem Auto über die A 44 Ausfahrt Willich-Neersen, auf die B 7 Richtung Viersen abbiegen, dann an der nächsten großen Kreuzung (Hauptstraße) rechts abbiegen, dann sofort wieder rechts.
Gelegenheit zur Besichtigung gibt es jeden Freitag um 19 Uhr, wenn die Kirche zum Gottesdienst geöffnet wird; außerdem wird an Christi Himmelfahrt, Mariae Geburt und am Antoniustag (17. Januar) dort die Messe gefeiert.
Für weitergehende Besichtigungstermine: Brigitte Vander, Vorsitzende der Interessengemeinschaft Klein-Jerusalem, Tel.: 02154-811929 oder Pfarrbüro Neersen, Tel.: 02156-5205

4

GEREGELTE NOTDURFT

Das „stille Örtchen“ auf der Zeche Zollern

Die Zeche Zollern II/IV in Dortmund-Bövinghausen, zwischen 1898 und 1904 gebaut, ist eine der prächtigsten Zechenanlagen des Ruhrgebiets: Verwaltungsgebäude, Lohnhalle und Werkstätten sind nach dem Vorbild einer dreiflügeligen Schlossanlage gruppiert; Prunkstück und Aushängeschild der Zeche ist die Maschinenhalle mit ihrem fein verzierten Jugendstilportal. Hinter der Maschinenhalle, neben dem Wetterschacht, steht ein kleines Backsteinhäuschen – das ehemalige Toilettengebäude, das heute als Restaurierungswerkstatt dient.

Auf alten Fotos kann man erkennen, dass es auf dem stillen Örtchen keineswegs still zuging, denn die 24 Plumpsklosetts waren zwar mit Trennwänden abgeteilt, hatten aber keine Türen. Bei 400-600 Bergleuten, die pro Schicht einfuhren, kann man sich die Geräuschkulisse lebhaft vorstellen. Wer jetzt aber denkt: aha, vorne hui und hinten pfui, der liegt falsch. Die Zeche Zollern war nicht nur aus architektonischer und ästhetischer Sicht mustergültig, auch die Hygiene galt hier als vorbildlich. Sauberkeit und Verrichtung der Notdurft waren streng geregelt. Die Türen im Aborthäuschen fehlten, „da die Leute sich einschließen und Unfug verüben können". Was mit Unfug gemeint war, erklärt ein weißes Emailschild: „Achtung Bergjungleute! Das Verunreinigen der Abortanlagen, das Beschriften und Beschmutzen der Wände ist strengstens untersagt. Der Betriebsführer."

An alle Kumpel richtete sich die Forderung: „Man möge seine Bedürfnisse doch vor und nach der Schicht erledigen." Es liegt auf der Hand, dass die Verrichtung der Notdurft unter Tage problematisch war. Wer sich nicht heimlich in eine dunkle Ecke verzog, musste vereinzelt aufgestellte, verdreckte hölzerne Kübel benutzen, die oft tagelang nicht geleert wurden. Gegen Ende des 19. Jahrhunderts grassierte unter den Bergleuten und ihren Familien die gefährliche Wurmkrankheit. Viele starben an ihr, und noch im Jahr 1903 wurden 25.000 infizierte Kumpel gezählt, obwohl man nun schon wusste, dass diese hoch ansteckende Krankheit durch menschlichen Kot ver-

Das „stille Örtchen"

Innenansicht der Lohnhalle

Oben: Verwaltungsgebäude und Förderturm
Rechts: Treppengeländer in der Maschinenhalle

breitet wird. Der Hakenwurm setzt sich in der Darmschleimhaut fest, entzieht dem Körper Blut und pflanzt sich fort. Die befruchteten Eier werden mit dem Kot ausgeschieden und gelangen durch den Mund oder durch die Haut in den nächsten Menschenleib. Nur durch absolute Hygiene war die Krankheit in den Griff zu bekommen, und deswegen setzte die Zeche Zollern als Erste konsequent und kompromisslos auf Sauberkeit:

Die Zeche Zollern II/IV ist einer der Standorte und gleichzeitig die Zentrale des Westfälischen Industriemuseums. Das Aborthäuschen ist in seiner originalen Gestalt nicht mehr erhalten, aber die historischen Fotos sowie alle Schilder und Gegenstände sind in der Museumsabteilung „Sauber und Gesund“ ausgestellt.

Sie ersetzte die Holzkübel unter Tage durch eiserne Kübel, und ein so genannter ‚Kübelmajor' hatte darüber zu wachen, dass die Abortkübel regelmäßig geleert und mit Dampf desinfiziert wurden; Nischen und Verschläge wurden mit Kalk bestreut. Dem Bergmann, der den Abortkübel nicht benutzte, drohte Lohnabzug, ebenso seinem vorgesetzten Steiger, wegen Vernachlässigung der Aufsichtspflicht.

Auch auf dem Feld der Körperpflege war die Zeche Zollern mustergültig: Hier gab es schon 1902 Duschen, als die Kumpel auf anderen Zechen noch gemeinsam in großen Badebecken im kohlschwarzen Wasser badeten. Infektionskrankheiten konnten sich leicht ausbreiten, und trotz der bald überall aufgestellten Duschen blieben die hygienischen Verhältnisse bis in die 1950er Jahre ein Problem; die muffigen und feuchten Waschkauen waren ein Paradies für Flöhe, Läuse und Kakerlaken. Aber die Zeche Zollern vertraute auch auf Krankheitsvorbeugung: Sport wurde in der Ausbildung der Jungbergleute zum Pflichtfach, auf dem Gelände gab es eine eigene Sporthalle für Gymnastik, Geräteturnen, Boxen. Ab 1930 wurden Höhensonnen in die Waschkauen eingebaut, die auch von den Familienmitgliedern benutzt werden durften, und so war der Bergmann gut gefeit gegen Rheuma, Erkältungskrankheiten, Geschwüre, und eine gesunde Hautfarbe bekam er obendrein. Was sonst an hygienischen Maßnahmen notwendig war, hielt die Drogerie bereit: stark parfümierte Seifen Marke „Bergauf", Herrenparfum gegen Schweißgeruch, Puder und Badelatschen gegen den Fußpilz.

→ ADRESSE/ ANFAHRT

Zeche Zollern II/IV,
Grubenweg 5, 44388 Dortmund
Öffnungszeiten: Di – So
10-18 Uhr, Tel.: 0231-6961-0;
Fax: 0231-6961114. E-Mail:
Industriemuseum@lwl.org,
Internet:
www.industriemuseum.de
Zu erreichen über die A 40, Abfahrt Lütgendortmund, dann die B 235 nach Norden Richtung Castrop-Rauxel, den braunen Schildern „Route Industriekultur/Zeche Zollern" folgen. Mit öffentlichen Verkehrsmitteln: Von Dortmund-Hbf. mit der DB-Linie 43 bis Bahnhof Bövinghausen; mit dem Bus Linie 378 oder 463 (Emschertalbahn)

5

MEHR ALS REKORD-VERDÄCHTIG

Die Blitze-Sammlung in Übach-Palenberg

Ein Gewitter zieht auf. Die Spannung entlädt sich in zuckenden Blitzen. Die Stromstärke der Blitze kann bis zu 100.000 Ampere betragen, so haben wir es im Physikunterricht gelernt. Blitze können töten, Bäume spalten und Dächer in Brand setzen, aber greifbar sind sie nicht - oder etwa doch? Richard Riedinger in Übach-Palenberg hat rund 30 Blitze gesammelt und schafft es damit regelmäßig ins Guinness-Buch der Rekorde: Seine Sammlung ist die größte private Sammlung von Blitzen, Vergleichbares findet sich nur in naturkundlichen Museen.

Natürlich hat Richard Riedinger nicht die zuckenden Lichterscheinungen gesammelt oder Fotos von Gewitterhimmeln. Seine Blitze liegen säuberlich geordnet in einem verglasten Holzkasten auf rotem Grund und sind zwischen drei und zehn Zentimeter lang, das Prunkstück allerdings bringt es auf über zwei Meter. Aus der Nähe betrachtet, entpuppen sich die Blitze als sandverkrustete, glasartige Röhrchen. Diese Röhrchen entstehen, wenn ein Blitz in feuchten Sandboden einschlägt und den Sand mit 1500°C Hitze in Bruchteilen von Sekunden zu Glas schmelzen lässt. Fulgurite lautet die wissenschaftliche Bezeichnung für solche Blitzröhren. Erst im 18. Jahrhundert hat man erkannt, was es mit diesen verglasten Röhrchen im Sand auf sich hat. Auch Goethe hat sich mit diesem neu entdeckten Phänomen beschäftigt und besonders nach Gewittern die Augen aufgehalten; in einem Brief schrieb er einst: „Sollten wir nicht ... von den Blitzröhren frische Exemplare entdecken? Die sonst so häufig waren, dass man sie, zu Staub gerieben und zu Küchlein geknetet, als köstliches Heilmittel in Apotheken anpries?“

Richard Riedinger mit seiner Blitzesammlung

Archäologische Ausstellungsstücke

Richard Riedinger, Jahrgang 1934, hat seinen ersten Blitz eher zufällig gefunden. Der ehemalige Gärtner ist Hobby-Archäologe und ein geschätzter ehrenamtlicher Mitarbeiter der Bodendenkmalpflege. Schon in seiner Kindheit hat er die nordwestlich von Übach-Palenberg gelegene Teverener Heide und die nähere Umgebung der Stadt auf der Suche nach Spuren der Siedlungsgeschichte durchstreift. Allein in der Teverener Heide entdeckte er 19 Fundplätze, die

dem Neandertaler zugeordnet werden können, und 50 Fundplätze aus der mittleren Steinzeit. Lange bevor er als Blitze-Sammler bekannt wurde, hatte Richard Riedinger schon eine beeindruckende Kollektion von Artefakten aus der Prähistorie zusammengetragen. Durch das Flusstal der Wurm, an der Übach-Palenberg liegt, wanderten vor 11.000 Jahren bereits Steinzeitmenschen; hier fanden sie im Schotter Feuersteinknollen, aus denen sie messerscharfe Klingen und Werkzeuge herstellten. Zwei komplette Lagerplätze, auf denen Tausende von Feuersteinsplittern den Handwerkerfleiß der frühen Bewohner bezeugen, hat Richard Riedinger im Ganzen geborgen. Dieses Ensemble wird heute in dem gar nicht so kleinen Privatmuseum aufbewahrt, zusammen mit zahllosen weiteren Stücken aus der Steinzeit. Dem schlichten Einfamilienhaus in Übach-Palenberg sieht man von außen nicht an, welche Schätze es birgt, aber der tief in den Hang gegrabene Keller ist eine wahre Wunderkammer. Exakt beschriftet und katalogisiert, werden auf Regalen, in Vitrinen und Schubladenschränken die ca. 110.000 Objek-

Der Zwei-Meter-Blitz

Spätmittelalterliche Gefäße

te aus der Steinzeit aufbewahrt; auch Römisches und Mittelalterliches hat Richard Riedinger gefunden und nach der Meldung an die Bodendenkmalpflege behalten dürfen. Darüber hinaus hat er schön geschnitzte barocke Türen und Balken aus Abrisshäusern vor der Vernichtung gerettet und vieles auch geschenkt bekommen. Die Sammelleidenschaft, meint Richard Riedinger, habe er geerbt. Sein Vater, ein gelernter Schreiner, hatte großes Interesse an Geologie und Fauna und im Laufe seines Lebens alles gesammelt, was Erdreich und Tierwelt zu bieten hatten: Fossilien, beispielsweise versteinerte Kieferzapfen oder Korallen, Insekten, Käfer – und auch präparierte Vögel und Säugetiere.

So ergänzen die naturkundlichen Schaustücke von Vater Riedinger auf ideale Weise nicht nur die Sammlung von Blitzen, sondern auch die archäologischen Funde des Sohnes, denn alles zusammen ergibt ein anschauliches Bild der Region. Das private Museum von Richard Riedinger ist im besten Sinne ein Heimat-Museum.

ADRESSE/ANFAHRT

Richard Riedinger, Otbertstr. 21,
52531 Übach-Palenberg
(Vom Bahnhof aus rechts die Straße hoch, dann nach ca. 200 Metern die erste Straße links)
Besichtigung nur nach Voranmeldung:
Tel.: 02451-45076

„RHEINORANGE“

6

„RHEINORANGE“

Eine Landmarke im Ruhrgebiet

Duisburg ist eine sonderbare Stadt: Sie liegt an zwei Flüssen, am Rhein und an der Ruhr; sie besitzt den größten Binnenhafen Europas – aber sie wendet sich vom Wasser ab. Duisburg hat keine dem Strom zugekehrte Schauseite, keine Uferpromenade, auf der die Menschen flanieren können. Auch die große Wiese im Südwesten der Stadt, am Zusammenfluss von Rhein und Ruhr, wird nur selten von Spaziergängern und Radfahrern besucht, denn am Rand liegen Kläranlagen, Schlammbecken, Schrottplätze. Meistens grasen hier nur die Schafe. Dabei hat man von diesem Ort einen weiten Panorama-Blick auf die Industrielandschaft des Ruhrgebiets, auf die Brücken und Türme von Ruhrort und Homberg, auf Schlote und Kräne, auf die Frachtschiffe im Fluss. Die Wiese ist grün, und das Wasser spiegelt die Farbe des Himmels, mal grau, mal blau. Und im reinsten Orange, also rein-orange, ragt weithin sichtbar eine übergroße Stahlstele empor. Sie steht direkt an der Ruhrmündung, dicht am Ufer: 25 Meter hoch, sieben Meter breit und einen Meter tief. „Rheinorange“ hat der Künstler Lutz Fritsch die Plastik genannt. Und nichts an dem markanten Kunstwerk ist zufällig, weder die strenge Form, noch Farbe, noch Standort.

Angefangen hat alles 1989 mit einer zunächst vagen Idee: 60 junge Unternehmer aus dem Wirtschaftsraum Duisburg, die so genannten Wirtschaftsjunioren, wollten der Stadt ein Kunstwerk schenken; ein Kunstwerk, das die verschiedenen Stärken der Stadt Duisburg hervorhebt und symbolisiert. Duisburg ist nach wie vor ein bedeutender Stahlstandort und gleichzeitig ein Technologiezentrum mit Zukunft, die Stadt hat den größten Binnenhafen Europas, und sie ist die Heimat des Lehmbruckmuseums, eines wichtigen deutschen Skulpturenmuseums. Mit dessen Hilfe war auch schnell ein Künstler gefunden, der Köl-

Lutz Fritsch wurde 1955 in Köln geboren und studierte von 1976 bis 1982 an der Düsseldorfer Kunstakademie. Sein Thema ist die Auseinandersetzung mit Natur und Landschaft, auch der Stadtlandschaft, also dem urbanen Raum. Nicht nur in Duisburg, auch in Pforzheim und Bonn hat er Landmarken gesetzt: senkrecht, also in der absoluten Reinheit der Linie und Klarheit der Form, in deutlichen Signalfarben.
Außerdem begleitete er 1994/95 und 1997 Expeditionen des Alfred-Wegener-Instituts für Polarmeeresforschung in die Arktis und Antarktis, um dort den maßstabslosen Raum zu erfahren. Im Herbst 2003 stellte er die „Bibliothek im Eis“ zusammen, einen Container voller Bücher für die Forschungsstation in der Antarktis.

ner Lutz Fritsch. Zusammen mit den Vertretern der Wirtschaft fuhr er auf der Suche nach einem geeigneten Standort kreuz und quer durch Duisburg. So fand er die Landspitze am Zusammenfluss von Rhein und Ruhr und wunderte sich, dass dieser markante Platz noch nicht besetzt ist. In Koblenz beispielsweise steht an ähnlich prominenter Stelle, nämlich am Deutschen Eck, schon seit über 100 Jahren das Reiterdenkmal Kaiser Wilhelms I.

„Mir wurde immer klarer, dass diese Situation eine Mitte braucht“, erinnert sich Lutz Fritsch an die Entdeckung dieses Niemandslandes, „eine Farb-/Formsituation, die eine Konzentration bildet, die, reduziert auf das Wesentliche, Wesentliches des Ortes sichtbar und erlebbar werden lässt.“

Und so konzipierte Fritsch sein strenges, klares Kunstwerk: eine Stele aus Stahl für die Stahlstadt Duisburg. Die gewaltige Höhe von 25 Metern korrespondiert mit einem Hochhaus, das am gegenüberliegenden Ufer steht, die Geradlinigkeit der Plastik mit den senkrechten Linien der Schlote. Soweit der künstlerische Entwurf. Weitaus schwieriger war die technische Realisation, mit der im Jahr 1992 begonnen wurde. Für die Statik und die Fundamentierung mussten zunächst die Tragfähigkeit des Baugrundes geprüft sowie Rheinhochwasser und Windstärken berechnet werden, schließlich wiegt die Stahlplastik 83 Tonnen, dazu kommen die 400 Tonnen Gewicht des Fundaments. Die Stele selbst besteht aus zwei Zentimeter dicken Blechen. Sie wurde aus 120 Einzelteilen in einer Halle zusammengeschweißt, sorgfältig geschliffen, sandgestrahlt und in vier

Schichten gestrichen; allein der Anstrich dauerte zehn Tage. Die Deckschicht ist so gehärtet, dass die Oberfläche nur schwer beschädigt werden kann und Graffiti relativ leicht zu entfernen sind. Mit einem Lastkahn wurde die fertige Stele an die Landspitze der Ruhrmündung transportiert, dann mit einem Schwimmkran gehoben und mit 76 Ankerschrauben von jeweils einem Meter Länge im Fundament eingelassen - ein schwieriges und abenteuerliches Unternehmen, das am 26. September 1993 sein glückliches Ende fand. Möglich war es nur, weil viele Duisburger Firmen ihre Arbeitskraft, ihr Material und ihr Know-how kostenlos zur Verfügung gestellt haben, sozusagen als Sponsorenleistung; so ist die Stele wirklich ein Kunstwerk für die Stadt. Auch die Duisburger Stahlarbeiter, die dem Unternehmen anfangs etwas skeptisch gegenüberstanden, haben sich inzwischen mit der Plastik angefreundet: „Glühende Stahlbramme von Duisburg" nennen sie die Stele - und kommen damit einer spirituellen Deutungsmöglichkeit des Kunstwerks sehr nahe. Denn nach altägyptischer Vorstellung geht der Ursprung des Lebens auf die Berührung des Wassers mit dem Feuer zurück. Und die 25 Meter hohe Stele versucht nicht nur, die Sonne zu berühren, sondern trägt das Feuer quasi in sich, in Form des durch Feuer gehärteten Stahls sowie in der leuchtenden Farbe, dem R(h)einorange. Und bei Hochwasser steht sie bis zu fünf Meter tief im Nass. Mit „Rheinorange" hat Duisburg eine unübersehbare Landmarke erhalten, ein Kunstwerk, das sich in die Industrielandschaft einfügt und die Besonderheit des Ortes hervorhebt. Inzwischen kommen auch die Duisburger hierher an die Mündung der Ruhr, und das ist genau das, was Lutz Fritsch sich erhofft hat: „Rheinorange als Zeichen für Aufbruch, Wandel, Identifikation mit der gemeinsamen Idee und dem Standort. Die Skulptur wird zum ‚Verkehrszeichen' der Schifffahrt - sie ist auf dem Radar zu erkennen - und ist Ziel des Spaziergängers."

→ ADRESSE/ANFAHRT

Stele „Rheinorange", Am Bört,
47059 Duisburg-Kaßlerfeld.
Auf der A 40 Ausfahrt Duisburg-Häfen, Richtung Ruhrort, links in die Kaßlerfelder Straße einbiegen, dann durch einen als Feuerwehrzufahrt beschilderten Durchgang rechts auf den Deichweg „Am Bört".

7

160 METER TIEF IN DIE ERDGESCHICHTE

Der Zeittunnel in Wülfrath

Am nördlichen Stadtrand von Wülfrath führt ein Tunnel 160 Meter tief durch den Berg zu einem dahinter liegenden Steinbruch, dem Bochumer Bruch. Direkt daneben befindet sich der Schlupkothen, ein weiterer Steinbruch. Das Bergische Land in und um Wülfrath ist geprägt vom Kalkabbau; in der Landschaft klaffen große Gruben und Löcher, dazwischen türmen sich die Abraumhalden. Schon im Mittelalter wurde der helle Stein hier von Landwirten im Nebenerwerb in kleinen, oft wenige Quadrat-

meter großen Brüchen abgebaut und gebrannt; man düngte mit dem Kalk die Felder und weißte die Mauern. Im 19. Jahrhundert begann die Zeit der großen Steinbrüche, denn nun wurden gewaltige Mengen Kalk für die Stahlproduktion im Ruhrgebiet benötigt – schwefelarmer Kalk erster Güte, wie er in der Gegend von Wülfrath im Boden liegt. Der Stahlbaron August Thyssen kaufte 1891 den Schlupkothen, und der Bochumer Bruch wurde ebenfalls im 19. Jahrhundert vom Bochumer Verein für Gussstahlproduktion erworben.

Seit dem Jahr 1958 sind die Brüche jedoch nicht mehr in Betrieb; der Tunnel, der in den 1920er Jahren für den Abtransport des Gesteins aus dem Bochumer Bruch durch den Berg und die Abraumhalde gegraben worden war, wurde mit Gittertoren verschlossen. 45 Jahre lang flogen hier nur Fledermäuse ein und aus. Doch dann entdeckten die Planer der überregional angelegten Gartenschau Euroga 2002 den Tunnel und hatten eine zündende Idee: Ein 160 Meter langer Tunnel lädt geradezu ein zu einer Zeitreise in die Erdgeschichte, ins Erdaltertum, in jene Jahrmillionen

Blick in den Schlupkothen

Schautafel im Zeittunnel

zurückliegende Zeit, in der der Kalkstein entstanden ist.

Im Sommer 2003 konnten die Besucher zum ersten Mal eine solche Zeitreise antreten und auf dem 160 Meter langen Weg mit Augen, Ohren und Händen in acht Stationen die Abfolge der Erdzeitalter erleben.

Die Reise beginnt vor 400 Millionen Jahren im Devon. Aus Lautsprechern dringt das Geräusch der Meeresbrandung, auf den Stellwänden ist die Landschaft aufgemalt, so weit sie rekonstruiert werden kann, und auf Knopfdruck erscheinen in kleinen Schaufenstern beleuchtete Karten der Weltkugel. Damals lag die Wülfrather Gegend in Äquatornähe, in einem flachen Gewässer am Rande der Tiefsee. Diese Riffzone war von Korallen und Armfüßlern besiedelt, den Brachiopoden. Bei ihnen handelt es sich um mu-

Fischskelett
Vor 300 Millionen Jahren

schelartige Wesen, die mit einem Fuß im Boden ankern. In Vitrinen sind die fossilen Reste dieser Lebewesen zu sehen: versteinerte Korallen und der so genannte Eulenkopf, ein faustgroßer Brachiopode, dessen versteinerter Schließmuskel wie ein Schnabel aussieht. Die Korallenriffs haben sich im Laufe von Millionen Jahren zu mehreren hundert Meter mächtigen Schichten aufgetürmt. Durch die Verschiebung der Kontinente wurden im folgenden Erdzeitalter die Korallenschichten zusammengepresst, in die Tiefe gedrückt und in späteren Jahrmillionen als Kalkstein wieder emporgehoben.

Aber zunächst folgte auf das Devon das Zeitalter des Karbon. Damals, vor ca. 300 Millionen Jahren, war Wülfrath bereits ein wenig nach Norden gerückt. Gewaltige Gebirge falten sich auf und werden wieder abgetragen; was übrig bleibt, kennen wir heute als rheinisches Schiefergebirge. Vor dem Gebirge stauen sich morastige Sümpfe, in denen Riesenschachtelhalme und Schuppenbäume wachsen; Insekten zirpen jetzt den ganzen Tag, Libellen mit einer Spannweite von bis zu 70 Zentimetern schwirren durch die Luft, armdicke Gliederfüßer kriechen über den Boden. Aber nach etlichen Millionen Jahren ist auch diese Epoche wieder vorbei, die Pflanzen- und Tierwelt stirbt ab, verwittert und versteinert zu Stein- und Braunkohle. Man trifft die ersten Lurche und Amphibien, erfährt vom Aussterben der Trilobiten am Ende des Erdaltertums und erreicht bald die höchst aktive Zeit des Jura: die Zeit der Dinosaurier und von Jurassic-Park. Das Gebrüll der Riesenechsen dringt an die Ohren; vielleicht ist es ein Megalosaurus teutonicus, der in der Wülfrather Gegend heimisch war.

Norddeutschland war damals von einem flachen Schelfmeer bedeckt; noch heute kann man in Niedersachsen und bei Osnabrück die versteinerten Fußspuren der Dinos finden. Blü-

Links: Installationen im Zeittunnel

Rechts: Blick in den Bochumer Bruch

Schlupkothen im Winter

tenpflanzen breiten sich hier aus; möglicherweise konnten die Saurier diese Nahrung nicht aufschließen und starben aus diesem Grund aus. Aber das ist nur eine Theorie, die im Zeittunnel angedeutet wird; eine andere Vermutung macht den Klimawechsel am Ende des Tertiärs für ihr Schicksal verantwortlich.

Noch immer haben die Kontinente nicht ihre heutige Lage; noch immer sind es etliche Schritte bis zu Säbeltiger und Riesenelefant, noch weiter weg liegen die Eisschichten und die Feuerstellen der ersten Menschen. So geht es durch den Tunnel von Station zu Station, vom Karbon über das heiße Perm, Trias und Jura bis zur Kreidezeit und schließlich zum Quartär, in dem wir noch immer leben.

Ganz in der Nähe von Wülfrath wurde 1856 der Schädel des Neandertalers gefunden. Er teilte sich den Lebensraum mit Mammut und Wollnashorn und die Höhlen im Kalkstein mit Höhlenbären. Außerdem hantierte er bereits mit scharfen Klingen aus Feuerstein. Gemessen an den 400 Millionen Jahren, die auf der Zeitreise durch den Tunnel dargestellt werden, ist jener Steinzeitmensch fast schon ein Zeitgenosse unserer Tage; aber seine Welt ist nicht die letzte Station des langen Weges. Am Ende des Zeittunnels werden diejenigen gewürdigt, die vor 150 Jahren die schwere Arbeit in den Kalkbrüchen geleistet haben: Es waren überwiegend italienische Wanderarbeiter, die sich im Frühjahr und Sommer dort verdingt haben, denn die einheimische Bevölkerung hielt an ihrem traditionellen Gewerbe fest, der Heimweberei. Die Italiener bohrten mit langen Stangen Löcher in die Felswand, dann wurde mit Dynamit gesprengt und das gelöste Gestein mit Hammer und Spitzhacken gebrochen. Abends kehrten die Arbeiter dann in ihre Wohnheime zurück, in die so genannten Bullenklöster.

Seit mehr als 45 Jahren ruht hier nun die Arbeit; in dem Bochumer Bruch ist es still geworden. Der Tunnel mündet auf eine kleine Aussichtsplattform, von der der Blick über die steilen Felswände bis zum mit Birken und anderen Büschen bewachsenen Grund der Grube schweift. Der Bochumer Bruch und auch der benachbarte Schlupkothen stehen unter strengem Naturschutz und gehören nur noch den Tieren und Pflanzen: den seltenen Orchideen wie der breitblättrigen Stendelwurz, der Kreuzkröte und der Geburtshelferkröte, dem Eisvogel und der Wasserfledermaus. Kein Mensch darf die aufgelassenen Brüche betreten, aber wie die Reise durch den Zeittunnel gezeigt hat, ist die Erde ja auch schon viele Millionen Jahre gut ohne den Menschen ausgekommen.

→ ADRESSE/ANFAHRT

Zeittunnel Wülfrath: Hammerstein 5, 42489 Wülfrath, Tel.: 02058-894644; E-Mail: zeittunnel@stadt-wuelfrath.de; Internet: www.zeittunnel-wuelfrath.de
Öffnungszeiten: Di–So 10-18 Uhr von Mitte April bis Mitte September.
Öffentlicher Nahverkehr:
Regiobahn S 28 bis Mettmann-Stadtwald, dann Bus 746 (Haltestelle „Ellenbeek“); von Velbert aus ebenfalls Bus 746; aus Wuppertal SB 66 bzw. Bus 601, ebenfalls Haltestelle „Ellenbeek“.
Autofahrer achten im Stadtgebiet von Wülfrath auf braune Hinweisschilder.

8

BLUTIGE VERGANGENHEIT?

Die „Fossa Sanguinis“ in Neuss-Gnadenthal

Der Weg zur Fossa Sanguinis, zur Blutgrube, führt nach Neuss-Gnadenthal, in ein ruhiges Viertel mit Einfamilienhäusern im Norden der Stadt. Die Häuser stammen aus den 1950er Jahren, ebenso wie die Villen und Bungalows am Gepaplatz - und der kleine graue Pavillon aus Beton am Ende des Platzes. Er schützt die so genannte Fossa Sanguinis, eine nahezu quadratische Vertiefung von 1,40 Meter Tiefe und 1,80 x 1,80 Metern Seitenlänge. Sie wird durch eine nicht sehr sorgfältig und ohne Mörtel geschich-

tete Mauer eingefasst. Zwei einander gegenüberliegende Treppen mit sechs Stufen führen hinab, der Fußboden ist aus gestampftem Lehm.

Die Grube wurde 1956 entdeckt. Damals ließ das Rheinische Landesmuseum Bonn im Vorfeld der Bebauung Grabungen durchführen, da sich in der Nähe von Gnadenthal das römische Legionslager Novaesium befunden hatte und deswegen auch hier Funde aus der Römerzeit zu erwarten waren. Doch mit einer gleich mit zwei Treppen ausgestatteten Grube hatte niemand gerechnet; und ihre Deutung gibt bis heute Rätsel auf. Einiges spricht dafür, dass die Archäologen auf einen Kultraum der Göttin Kybele gestoßen sind; daher wird der Raum auch bis heute Fossa Sanguinis, also Blutgrube, genannt, denn bei den religiösen Zeremonien für die Göttin ging es zuweilen blutig zu.

Der spätantike Dichter Prudentius hat eine solche Bluttaufe beschrieben: Über eine Grube werden Planken gelegt, auf denen ein Stier geschlachtet wird, dessen Blut auf einen unter den Brettern hockenden Priester oder Täufling herabläuft. Tat-

Blick in die „Fossa sanguinis“

Muttergöttin in Gestalt einer badenden Venus

sächlich könnte der Keller in Neuss mit Planken abgedeckt gewesen sein. Außerdem hat man einige Objekte gefunden, die mit Kybele in Verbindung zu bringen sind: zwei weibliche Tonfigürchen, von denen eine den für Kybele typischen Kopfputz in Form einer Mauerkrone trägt; einen liegenden Stier aus Ton und eine bronzene Zimbel.

Die Göttin Kybele ist eine vorderasiatische Muttergöttin; sie wurde dort Kubaba genannt. Die Griechen haben sie mit den Erd- und Vegetationsgöttinnen Rhea und Demeter gleichgesetzt und Kybeles grausamen Mythos ausgesponnen: Ihm zufolge war Kybele ein androgynes Kind des Zeus, das aus

Eingang zur „Fossa sanguinis“

Furcht und Neid von den anderen Göttern kastriert wurde. Aus den zu Boden gefallenen Geschlechtsteilen wuchs ein Mandelbaum. Eines Tages fiel eine Mandel in den Schoß einer Flusstochter, und so wurde der schöne Knabe Attis geboren. Kybele verliebte sich in ihn, versetzte ihn aus Eifersucht wegen seiner Umarmung einer Nymphe jedoch in Raserei. Attis kastriert sich daraufhin selbst und stirbt, wird aber vom Göttervater vor der Verwesung geschützt.

Die Römer, die in ihrem Riesenreich viele Glaubensvorstellungen integrieren mussten, vereinnahmten Kybele als Staatsgöttin. Weniger geheuer war ihnen allerdings der ekstatische Kult, mit dem die Anhänger die Göttin feierten und sich in Trance tanzten, manchmal sogar kastrierten. Aber sie konnten nicht verhindern, dass im 2. Jahrhundert die Stierbluttaufe üblich wurde; eine solche Taufe verhieß Wiedergeburt und ewiges Leben.

Sicher gab es unter den römischen Soldaten, die seit 16 v. Chr. in Neuss lagerten, auch Kybele-Verehrer; möglicherweise lag dort, wo der Keller aufgedeckt wurde, der heilige Bezirk des römischen Ortes. Dafür spricht der Fund einer Jupitersäule in der Nähe.

Doch es gibt auch nicht von der Hand zu weisende Argumente gegen eine Deutung als Kultraum der Kybele: Der Dichter Prudentius spricht von einer Grube, nicht von einem Keller, und auch in allen erforschten Kybele-Heiligtümern wurde bislang kein Taufkeller entdeckt. Außerdem sind die Steine der Einfassung schlampig und ohne Mörtel gesetzt –

aus diesen Gründen können die Mauern frühestens im 4. Jahrhundert während der ersten Frankeneinfälle errichtet worden sein. Diese Datierung belegen auch Münzfunde aus der Zeit Constantin I. und Constans. Zudem wurde ein Weihestein des Jupiter vermauert, was in einer römischen Kultstätte eigentlich ein Sakrileg gewesen wäre. Die Tonfigürchen allerdings sind deutlich älter als das Mauerwerk, sie stammen nämlich aus dem 2. Jahrhundert. Vermutlich stellen sie lokale Muttergottheiten dar, etwa die rheinische Göttin Sunuxal. Das zumindest wäre ein Trost für die Frauenrechtlerinnen, denen Kybele als große Muttergottheit sehr am Herzen liegt.

Aber als was könnte der Keller gedient haben, wenn dort niemand mit Blut getauft wurde? Auch auf diese Frage gibt es keine überzeugende Antwort. Sicher ist eigentlich nur, dass das Bauwerk römisch ist. Es kann nicht der Keller eines gewöhnlichen Hauses sein, denn es gibt kein überirdisches Mauerwerk; die unstabile Mauer kann nur eine hölzerne Dachkonstruktion getragen haben. Der Raum ist zu klein für einen Vorratskeller, dagegen sprechen auch die ungewöhnlichen zwei Treppen. Für eine Grabkammer ist er ebenfalls zu klein, denn es passt kein Sarkophag hinein; und auch für einen Mithras-Kult-Raum bietet er zu wenig Platz, da sich dabei viele Menschen versammelten. Die Grube ist aber gleichzeitig zu undicht, um möglicherweise ein Wasserbecken gewesen zu sein; die Funktion als Mikwe, als jüdisches Kultbad, oder als ein christliches Taufbecken kommt also ebenfalls nicht in Frage; außerdem gibt es keinerlei Hinweise auf einen Kirchenbau.

Der Keller in Neuss-Gnadenthal bietet also weiterhin viel Raum für Spekulationen und Vermutungen. Auch die Anwohner des Gepaplatzes haben sich so ihre Gedanken gemacht – und die Lösung gefunden: Die Fossa Sanguinis war ein römischer Grillplatz!

→ ADRESSE/ANFAHRT

Fossa Sanguinis: Gepaplatz, 41468 Neuss-Gnadenthal. Der Schlüssel ist bei Familie Heischkamp, Gepaplatz 3, erhältlich. (Bitte vorher kurz anmelden: 02131-120609)
Fundstücke: Clemens-Sels-Museum Neuss, Am Obertor, 41460 Neuss. Geöffnet: Di–Sa 11–17 Uhr, So u. Feiertag 11–18 Uhr
Tel.: 02131-904140
Internet: info@clemens-sels-museum.de
E-Mail: www.clemens-sels-museum.de

9

EIN LEERER SARG IM WALD

Das Grabmal von Johann Moritz von Nassau-Siegen in Kleve

Ein paar Schritte abseits der lauten Uedemer Straße am Stadtrand von Kleve liegt ein Grabmal der besonderen Art: Zwei viertelkreisförmige Backsteinmauern rahmen einen Platz im Wald ein und lassen in der Mitte einen Durchgang frei. Die Mauern werden durch Pfeiler aus unbehauenen Steinen gegliedert, dazwischen befinden sich Nischen, in denen antike römische Büsten und Grabsteine aufgestellt sind (heute nur noch Abgüsse, die Originale befinden sich im Rheinischen Landesmuseum Bonn). Bekrönt werden die Mauern von gusseisernen Vasen; einst befanden sich darin exotische Pflanzen wie Yucca, Aloe und Agave. Zwi-

schen den beiden Mauern hindurch tritt man dann vor das eigentliche Grabmal: einen mächtigen Sarkophag aus Siegerländer Gusseisen, 3 Meter lang, 1,75 Meter breit, 2,20 Meter hoch. Er ist mit Wappen, Emblemen und Spruchbändern geschmückt, die an die Würden von Johann Moritz von Nassau-Siegen erinnern, an seine Ehrungen und Verdienste als Kriegsherr. Dazu gehören auch die Kanonenrohre, die den Sarkophag flankieren. Doch das Grab ist leer, es ist ein Kenotaph: Fürst Johann ist an anderer Stelle bestattet worden.

Johann Moritz war ein Mann von großer Intelligenz und Willenskraft. „Qua patet orbis – so weit der Erdkreis reicht!", das war sein Motto, und tatsächlich hat sein Lebensweg ihn bis nach Brasilien geführt.

Geboren wurde er 1604 in Dillenburg; sein Großvater war Wilhelm von Oranien, der Statthalter der von Spanien abgefallenen Niederlande. Durch diese verwandtschaftliche Verbindung trat Johann Moritz in den Kriegsdienst der Republik der Vereinigten Niederlande und war bei der Schlacht an der Schenkenschanz bei Kleve dabei. Aus

Der gusseiserne Sarkophag

Porträt Johann Moritz
(von Jan de Baer), um 1669

dieser Zeit rührte auch seine Freundschaft zu Friedrich Wilhelm von Brandenburg, die entscheidend für seine zweite Lebenshälfte werden sollte.

Zunächst aber wurde er im Auftrag der Westindischen Kompanie Generalgouverneur der niederländischen Besitzungen in Brasilien (1636–1644). Dort hat Johann Moritz naturhistorische Forschungen gefördert und exotische Pflanzen gesammelt. Nach seiner Rückkehr 1644 leistete er wieder Militärdienst für die Niederlande. 1647 ernannte ihn sein Freund Friedrich Wilhelm, inzwischen der Große Kurfürst von Brandenburg, schließlich zum Statthalter der brandenburgischen Territorien im Westen Deutschlands. Johann Moritz machte Kleve zu seiner Residenz, hatte aber noch einen Wohnsitz in Den Haag, in dem nach ihm benannten Mauritshuis. Die letzten Jahre verbrachte Prinz Moritz, wie ihn die Klever nennen, in einer Einsiedelei in Bergendal südlich von Kleve. Und nicht weit davon ließ er sich dann schon zu Lebzeiten ein Grabmal errichten. Aber eine Woche vor seinem Tod am 20. Dezember 1679 verfügte der Fürst, doch in der Familiengruft in Siegen bestattet zu werden; deswegen ist das Grabmal im Wald leer, und der Deckel des Sarkophags lehnt seitlich an zwei Bäumen.

Dennoch erzählt die Grabanlage viel von der Person des Johann Moritz und von seinem Denken. Sie wurde vermutlich nach seinen eigenen Plänen errichtet und enthält biografische Erinnerungen und viele Anspielungen an antike Vorbilder.

Die im Halbkreis angelegte Mauer wirkt wie ein antikes Amphitheater, wie eine Bühnenwand, durch die hindurch man zum Grab des Fürsten geleitet wird. Die umstehenden Bäume lassen das Ganze wie einen heiligen Hain erscheinen, oder wie die Grabstätte eines Helden oder Halbgottes aus der antiken Mythologie. Dazu passen auch die römischen Relikte, bei denen es sich um Keramiken und Steindenkmäler aus der Antikensammlung von Johann Moritz handelt: Weihereliefs für Jupiter zum Beispiel oder der Grabstein für Marcus Caelius, ein ganz berühmtes Stück, weil seine Inschrift auf die Varus-Schlacht im Teutoburger Wald verweist. Durch diese Samm-

Neben dem Sarkophag an einen Baum gelehnt – der Deckel des Grabmals

Blick auf die Grabanlage und Details des Sarkophags

lung römischer Zeugnisse beweist Johann Moritz seine humanistische Bildung und stellt sich als Nachfahre der Römer vor – seit der Renaissance versucht jeder Fürst, seinen Stammbaum auf die Römer, möglichst auf Cäsar, zurückzuführen, oder sogar auf den griechischen Helden Herkules.

Johann Moritz geht bei der Beweisführung noch einen Schritt weiter: Unter den antiken Keramiken, die in die Wand eingemauert waren, befand sich auch eine Schüssel mit dem Stempel des gallischen Töpfers ‚Nasso' – für Johann Moritz von Nassau-Siegen der eindeutige Beleg, dass das Geschlecht der Nassauer römischer Herkunft ist.

Das Gusseisen des Sarkophags und der Vasen auf den Mauern hingegen erinnert an das heimatliche Siegerland, wo schon vor Jahrhunderten Eisen gegossen wurde. Und mit den exotischen Pflanzen hat Johann Mo-

Eindrucksvolle Grabarchitektur – für einen Sarkophag ohne Inhalt

ADRESSE/ ANFAHRT

Von Kleve aus Uedemer Straße Richtung Bedburg-Hau; das Grabmal liegt dann auf der linken Seite, unweit der Gaststätte „Bergendal", wo auch Parkmöglichkeit besteht.

ritz ein kleines Stück Brasilien an den Niederrhein gebracht.

Da Johann Moritz die Pläne für sein Grabmal beschrieben hat, weiß man, dass etliche Schmuckteile verloren gegangen sind, beispielsweise ein Elefantenkopf – vermutlich eine Anspielung auf den Elefantenorden – oder zwölf Keramikplatten mit den Büsten der ersten römischen Kaiser.

Der Fürst hat nie geheiratet; seine Leidenschaft war die Gartenkunst. Schon während seiner Zeit in Brasilien hatte er den Traum eines üppigen Gartens verwirklicht. „Das ganze Eiland soll ein Paradies sein", erklärte er und schuf auf einer Insel bei Recife ein kleines, kunstvolles Gartenreich mit Laubengängen, Obsthölzern, Tierzwingern und Lusthäuschen.

Als er 1647 seine Position als Statthalter Brandenburgs in Kleve antrat, lag das Land nach achtzig Jahren Krieg verwüstet da; zwei Drittel der Bevölkerung waren der Pest zum Opfer gefallen. Aber Johann Moritz hatte eine Vision, und er begann sofort, sie zusammen mit dem Architekten Jacob van Campen in die Tat umzusetzen: Die Hügel und Wälder rund um Kleve sollten zu einer ausgedehnten Parklandschaft werden, mit regelmäßigen Sichtschneisen, mit Brunnen, Denkmälern, Tempelchen und mit exotischen Bäumen. Die Grabanlage bei Bergendal war also Teil eines einheitlichen Gesamtkonzepts.

In den vergangenen Jahren hat man das Grabmal sorgfältig wieder hergerichtet, und auch Teile des Parks sind rekonstruiert worden, darunter der „Amphitheater" genannte Berghang neben dem Kurhausmuseum, mit einer halbrunden Galerie und mit Fontänen und Wasserbecken. In ihrem ganzen Reichtum jedoch sind die einstmals ausgedehnten klevischen Gärten nicht mehr zu durchwandern. Auch die prächtigen, doppelreihigen Lindenalleen, die Johann Moritz anlegen ließ, sind nur noch an wenigen Plätzen in der Stadt erhalten. Dabei sind sie das Vorbild für Berlins Prachtallee „Unter den Linden", denn der Große Kurfürst hat die Planungen seines Freundes bewundert und nachgeahmt. Und

Grabanlage mit eingemauerter Keramik

auch Friedrich der Große hat sich von den Ideen des Johann Moritz inspirieren lassen: Er wählte die Terrasse von Schloss Sanssouci als Grabstelle, denn er wollte in der freien Natur begraben werden wie Johann Moritz, der „in gleicher Weise in einem Wäldchen bei Kleve bestattet sei". Dass das Grab leer steht, hat Friedrich II. wohl nicht mitbekommen.

10

AUS DEM SAUERLAND IN DIE WEITE WELT

Das Heinrich-Lübke-Museum in Enkhausen

„Mutter gab mir vor meinen Reden immer Rotwein, damit meine Stimme besser klingt“ – einer der vielen unvergessenen Sprüche von Heinrich Lübke. Nicht nur seine Zeitgenossen, auch die Nachgeborenen kennen Lübkes Stilblüten und misslungenen Sprachbilder, zumal Zitatsammlungen in Büchern und auf Schallplatten die Erinnerung wach halten. Sicher, ein begnadeter Redner war der zweite Bundespräsident der Bundesrepublik nicht, aber man sollte Lübke nicht auf seine öffentlichen Ansprachen reduzieren. Wer den ganzen Men-

Heinrich Lübke und seine Frau Wilhelmine

schen kennen lernen will, wer etwas über seine Herkunft und seine politischen Absichten erfahren will, sollte nach Enkhausen im Sauerland fahren, in seinen Geburtsort unweit des Sorpesees. Hier hat Wilhelmine Lübke im Jahr 1975 in der ehemaligen Dorfschule eine Gedenkstätte zu Ehren ihres 1972 verstorbenen Gatten errichten lassen. Es sind vor allem Fotos und Zeitungsberichte, die das Leben des Politikers veranschaulichen, aber auch einige persönliche Gegenstände.

„Ich komme vom kleinen Dorfe im Sauerlande, von kleinen Leuten. Und man hat mir an der Wiege nicht gesungen, dass ich Kandidat für den Posten des Bundespräsidenten sein sollte", sagte Lübke 1959 anlässlich seiner Kandidatur für das höchste Amt im Staate. Er hat seine Heimat immer hoch gehalten und kam gerne hierhin zurück, um Freunde und Verwandte zu besuchen. In Enkhausen war der 1894 geborene Lübke ‚Schaumäkers Heini', der Sohn des Schuhmachers und Nebenerwerblandwirts Friedrich Wilhelm Lübke. Eine Vitrine mit alten Schusterwerkzeugen zeigt diese Wurzeln; ebenso eine Milchzentrifuge, wie sie jeder Milchbauer damals um die Jahrhundertwende benutzte. Auch in diesem Punkt blieb Lübke seinen Ursprüngen treu, denn sein politisches Engagement galt zeitlebens der Landwirtschaft und der Versorgung der Bevölkerung. Während der Weimarer Republik war er Interessenvertreter verschiedener Bauernverbände, und im Nachkriegsdeutschland wurde er Minister für Ernährung, Landwirtschaft und Forsten, 1947 in Nordrhein-Westfalen, 1953–1959 auf Bundesebene.

Aber bis zu diesen Stationen in Lübkes Leben sind im Museum noch etliche Schautafeln abzuschreiten: Fotos aus seiner Jugend zeigen das große Elternhaus, in dem die Familie mit ihren acht Kindern wohnte und arbeitete. Enkhausen war damals

Erinnerungsfotos der Staatsgäste

ein Dorf mit 15 Häusern und 140 streng-katholischen Einwohnern. Bis zu seinem 14. Lebensjahr ging der kleine Heinrich hier in die Dorfschule, dann wechselte er auf das Gymnasium in Werl, später in Brilon. Vor und nach dem Ersten Weltkrieg studierte er an verschiedenen Hochschulen Vermessungswesen, Landwirtschaft und Volkswirtschaft. Nach Hause kam er nur noch in den Ferien. „Ich rodle gern – schon von Jugend auf. Zu Hause im Sauerland hatte ich einst den schnellsten Schlitten. Da machte mir so leicht keiner was vor."

Es gibt Fotos von seiner Hochzeitsreise mit Wilhelmine Lübke, von seiner Militärzeit im Ersten und im Zweiten Weltkrieg. Ein Besuchszettel, ausgestellt auf den Namen seiner Frau, erinnert an eine dunkle Zeit in Lübkes Leben: Kurz nach Beginn des Dritten Reiches kam er für 20 Monate in Untersuchungshaft. Er hatte sich als Zentrumspolitiker und Funktionär für die Ansiedlung von Kleinbauern stark gemacht und damit den Unwillen der Nazis auf sich gezogen. Man warf ihm Veruntreuung von öffentlichen Geldern vor, hat aber nie eine offizielle Anklage erhoben.

Die Fotos im Museum von Enkhausen sind durchweg schwarzweiß; dass Lübke in seiner Jugend rote Haare hatte, muss man einfach glauben. Aber nicht nur wegen seines roten Schopfes trug er den Spitznamen ‚der rote Lübke', auch als CDU-Politiker der Nachkriegszeit hat er sich immer für die Belange der kleinen Bauern und für eine bessere Versorgung eingesetzt, und in seiner Antrittsrede als Bundespräsident hat er die Entwicklungshilfe und den Kampf gegen den Hunger in der Welt in den Vordergrund gestellt.

1959 war der Sauerländer in das höchste Amt gewählt worden; die Tür zur weiten Welt stand nun offen - und Lübke reiste gerne und viel. Ein ganzer Raum ist den glänzenden und glitzernden Ordensketten und Ehrenzeichen vorbehalten, die Präsidenten, Könige und Diktatoren dem Deutschen verliehen haben. Kamen die Potentaten dann zum Gegenbesuch nach Bonn, haben sie als Gastgeschenk gerne silbern gerahmte Fotos von sich überreicht, und auch die haben nun hier ihren Platz gefunden: Kaiser Haile Selassie, der junge Anwar El Sadat, die Präsidenten Kennedy und Johnson, der englische Premierminister Wilson, König Hussein von Jordanien, König Bhumipol aus Thailand und seine schöne Gattin Sirikit sowie viele, die längst vergessen sind.

Die zweite Amtszeit von Heinrich Lübke wurde überschattet von dem von der Presse ins Spiel gebrachten Vorwurf, er habe während der Nazizeit am Bau von KZs mitgewirkt. Der Verdacht war nur schwer zu entkräften, denn Lübke war als Vermessungsingenieur tatsächlich an Bauvorhaben der Regierung beteiligt gewesen.

Heinrich Lübke in Öl

Orden und Ehrenzeichen

Heinrich Lübke in Bronze vor einem Foto seiner Gattin Wilhelmine

Letzten Endes stellte sich der Vorwurf als gezielte Rufmordkampagne der Stasi heraus, doch Lübkes Gegner im Westen hatten die Hetze aufgegriffen und weitergetrieben; jeder rhetorische Lapsus des Bundespräsidenten wurde vermerkt und verbreitet, und auf diesem Feld bot Lübke als spröder, linkischer Redner eine breite Angriffsfläche.

„Ich soll ja nicht mehr frei reden", hat er selbst bekannt – und sich nicht daran gehalten. Als peinlich wurde auch seine Neigung zu etwas unbeholfenen Scherzen empfunden. Berühmt geworden ist ein Foto, das während der Trauerfeierlichkeiten für Adenauer entstanden ist. Auf ihm sieht man Lübke zufrieden lächelnd zwischen Charles de Gaulle und Präsident Johnson und zwingt die sich nicht besonders nahe stehenden Staatschefs zum öffentlichen Händedruck.

Die Enkhausener jedoch erinnern sich an den anderen Lübke, an einen lockeren, geselligen Mann, der häufig ins Sauerland heimkehrte, um mit Freunden Skat zu spielen. Für seine Patenkinder am Ort war er der ‚Onkel Heini'; er ließ sich gerne Gedichte oder Musikständchen vortragen und spendete reichlich 5-Markstücke als Belohnung.

Am 6. April 1972 starb Heinrich Lübke, der Bundespräsident a. D. Nach dem Staatsakt im Kölner Dom wurde er nach Enkhausen überführt und dort von der Schützenbruderschaft zu Grabe getragen, auf den Friedhof direkt gegenüber der Gedenkstätte.

→ ADRESSE/ ANFAHRT

Heinrich-Lübke-Haus, Zum Pläsken, 59846 Sundern. Enkhausen ist eine Ortschaft der Großgemeinde Sundern. Die Straße „Zum Pläsken" geht in der Ortsmitte von der B 229 ab.

Besichtigung nach Terminabsprache: Gerhard Hafner, Tel.: 02931-823711 E-Mail: Gerhard.Hafner-Sundern@t-online.de, oder über das Rathaus Sundern, Tel.: 02933-81211 E-Mail: h.thomalla-jost@stadt-sundern.de

11

BIBLISCHE STRAFEN FÜR EIN SÜNDIGES VOLK

Die Bergbausiedlung Altenberg

In alter Zeit krönte den Almerich eine Stadt, von deren Reichtum Phantastisches erzählt wurde. Die Altenberger fuhren in Kutschen mit goldenen Rädern, warfen mit silbernen Kugeln nach silbernen Kegeln und maßen sich das Geld mit Hüten zu. Sie gewannen ihre unermesslichen Schätze aus den Silberbergwerken auf dem Almerich. Aber sie gaben den Armen nichts ab. Als eines Tages eine Hungersnot ausbrach, konnten sich nur die Altenberger noch Korn leisten. Da buken sie Kuchen, so groß wie Wagenräder, schlugen sie an ihre Kutschen und fuhren so durchs Land ... Da verfinsterte

Markierung des Schachtes Altenberg, der im 19. Jahrhundert bis zum Ersten Weltkrieg wieder ausgebeutet wurde.

sich plötzlich der Himmel, Blitze zuckten, Feuer und Schwefel fiel herab, die sündige Stadt ging mit Türmen und Häusern unter, und niemand entkam dem Gottesgericht."

Was von dem Ort Altenberg auf dem Almerich übrig geblieben ist, haben Archäologen vor etlichen Jahren freigelegt. Die Bergbausiedlung lag auf einem Bergsattel zwischen Müsen und Littfeld im Siegen-Wittgensteiner Land; dort führt heute ein ausgeschilderter Rundweg zu

Steinerner Keller aus dem 13. Jahrhundert

ANFAHRT

Über die A 45, Ausfahrt Freudenberg Richtung Kreuztal, dann B 508 bis Dahlbruch; Abzweigung nach Müsen, weiter geradeaus am Sägewerk vorbei bis zum ausgeschilderten Parkplatz Altenberg.

den spärlichen Resten der der Sage nach einst so reichen Stadt. Zwischen Heidekraut und Heidelbeeren liegen die soliden steinernen Mauern von Kellern; die Wissenschaftler vermuten, dass es sich um Lagerräume für Erz handelte. Ob über den Kellern auch Gebäude aus Holz oder Stein gestanden haben, ist unklar, aber die Fülle an Scherben von Kochgeschirr, Ofenkacheln sowie anderer Hausrat sprechen eindeutig für eine Wohnbebauung. Ein Schuster hat hier in seiner Werkstatt nicht nur Schuhe, sondern auch Arschleder angefertigt, jene strapazierfähigen Lederlappen, auf denen der Bergmann in den Schacht gerutscht ist. Auch ein Schmelzofen für Erz kam ans Licht, und es wurden Spuren von der Arbeit eines Schmiedes gefunden. Dazwischen sind im Gelände immer wieder die Öffnungen von Bergbaustollen zu erkennen, der längste reichte 80 Meter tief in den Untergrund. Münzfunde und Holzuntersuchungen lassen keinen Zweifel zu: Im 13. Jahrhundert, genauer gesagt zwischen 1209 und 1290, förderten die Altenberger hier die Schätze des Bodens – Blei, Zink und kostbares Silber. In diesem Punkt hat die alte Sage also einen wahren Kern. Und die Übereinstimmung geht noch weiter: Im Mittelalter hatten die Bergleute einen anderen Status als die unfreien Bauern: Sie waren unabhängig, durften Waffen tragen und hatten einen geregelten Arbeitstag. Sie kannten das unheimliche, geheimnisvolle Erdinnere. In ihrer Freizeit haben die Altenberger tatsächlich gekegelt, jedenfalls wurden in der Verfüllung eines Schachtes ein Kegel und mehrere Kugeln gefunden. Das Kegeln ist ein altes Spiel; es wurde in früheren Jahrhunderten im Freien gespielt, und weil der Untergrund häufig uneben war, galt es als Glücksspiel. Die Obrigkeit sah es nicht gerne wegen der hohen Wetteinsätze, und die Kirche verteufelte Glücksspiel sowieso. Die armen Bauern in der Nachbarschaft hatten also tatsächlich Gründe, die Bewohner der Stadt für hochmütig, verschwenderisch und verdorben zu halten.

Die Wahrheit ist wie immer viel prosaischer: Die Reste auf dem Almerich sprechen nicht von außergewöhnlich großem Reichtum; die Arbeit in den engen Stollen war mühsam, manchmal auch gefährlich. Hier ist nie Feuer und Schwefel vom Himmel gefallen – die Brandspuren im Boden rühren von dem alltäglichen Umgang mit Feuer her. Um das Jahr 1290 herum wurde der Ort aufgegeben. Vielleicht wurde er geplündert, und die Bewohner mussten fliehen; dafür spricht ein vergessener Münzschatz in einem Keller. Vielleicht waren die Erzgruben auch einfach nur erschöpft, und Armut und Hunger haben die Altenberger aus ihren Häusern getrieben. Die neidischen Nachbarn schauten ihnen mit Genugtuung hinterher und dichteten ihnen ein unrühmliches Ende an, die Geschichte vom Gottesurteil durch Feuer und Schwefel.

Die Bergbaugeschichte des Siegerlandes reicht auch an anderen Orten weit zurück

und kann in verschiedenen Besucherbergwerken und Museen erkundet werden. Das Bergbaumuseum Müsen, Auf der Stollenhalde 4, 57271 Hilchenbach-Müsen, zeigt u.a. einen Raum zur Siedlung auf dem Almerich. Geöffnet: April–Oktober, jeden 2. Sonntag im Monat, 14.30–16 Uhr.
Der Touristikverband Siegerland-Wittgenstein hat eine Broschüre mit Wanderwegen und Radrouten auf alten Bergmannspfaden herausgegeben. Tel.: 0271-3331020

12

GRENZPFAHL ODER SIGNALSTATION FÜR AUSSERIRDISCHE?

Der Eiserne Mann im Kottenforst

Der Kottenforst bei Bonn ist ein uralter Hochwald. Schon vor über 1000 Jahren hat Kaiser Otto II. dem Kölner Erzbischof das Jagdrecht verliehen, Kurfürst Clemens August ist hier durch den Forst geritten, und heute darf der Regierungspräsident mit seinen Jagdgästen im Staatsforst auf die Pirsch gehen. Wahrscheinlich kommt er dann auch beim „Eisernen Mann“ vorbei; so nennt die Überlieferung einen Eisenpfahl, der am Rande einer Wegekreuzung 1,20 Meter aus dem Boden ragt. Der Querschnitt des Pfahls zeigt ein unregelmäßiges Rechteck von etwa 20 mal 10 Zentimetern, die Kanten sind uneben, die Oberflächen nicht poliert. Früher kamen die Mädchen und Frauen der Gegend zu dem Eisernen Mann und küssten ihn dreimal, wenn sie einen Mann suchten oder schwanger werden wollten. Diese fruchtbarkeits- und ehestiftende Funktion verdankt der Pfahl offensichtlich seiner phallischen Form. Aber der Wunderglaube belegt auch, dass der Eiserne Mann schon sehr lange dort im Wald steht – lange genug jedenfalls, um alle möglichen Interpreta-

Der so genannte Eiserne Mann

tionen und Vermutungen an seinen Zweck zu knüpfen.

Die sagenhafteste Deutung lautet: Es handelt sich um das Grabmal für einen General Eisenstein, der im Dreißigjährigen Krieg hier gefallen ist und hier auch begraben wurde. Und jedes Mal, wenn im nahe liegenden Buschhoven die Glocken der Kirche läuten, fange der Pfahl an zu zittern. Nicht weniger märchenhaft ist die Erklärung von Erich von Däniken, dem Autor, der überall Spuren von Außerirdischen sieht. Er hat das Eisenobjekt als Signalstation für extraterrestrische Götter erkannt und mit Hilfe von Magnetmessungen festgestellt, dass der Pfahl 28 Meter tief in den Boden reichen soll.

Weitere Vermutungen: Vermessungspunkt für die in der Nähe verlaufende römische Wasserleitung, Warnzeichen vor einem Sumpf, mittelalterliche Gerichtsstätte, Grenzmarkierung.

Ein Objekt von solch einzigartiger Form und ungeklärtem Zweck hat natürlich auch die Neugier der Archäologen geweckt, und sie sind in den 1970er Jahren der Sache auf den Grund gegangen. Die wichtigste Erkenntnis: Der Pfahl ragt nicht 28 Meter tief in die Erde, sondern einen Meter, Däniken

Weg im Kottenforst

ist damit widerlegt. Das Ende ist T-förmig und damit gut im Boden verankert. In jüngerer Zeit scheint es mehrere Versuche gegeben zu haben, den ‚Mann' auszugraben, doch sie sind misslungen, weil das massive Eisenobjekt zu schwer und zu gut befestigt ist.

Der Pfahl ist in einem Stück gegossen – das spricht gegen die Überlegung, dass es sich um einen Vermessungspunkt der römischen Wasserleitung handelt, denn diese Gusstechnik haben die Römer noch nicht beherrscht. Außerdem verläuft die Wasserleitung in 300 Metern Entfernung. Das Studium von alten Akten und Karten hat auch keinen Hinweis auf eine Gerichtsstätte ergeben, auch keinen auf den Verlauf einer Grenze hier am Eisernen Mann. Stattdessen fanden die Wissenschaftler aber eine Urkunde aus dem Jahr 1625, die von einem „groß eiser, so ein Creutz in der Erdte ist" berichtet, und dieses eiserne Mal hat nach Aussage des Dokuments eine Jagdgrenze bei Alfter markiert, etliche Kilometer von dem heutigen Standort entfernt. 1717 ist erstmals vom Eisernen Mann die Rede. Der Pfosten muss also nach 1717 hierher versetzt worden sein, eine schwierige und mühsame Aufgabe bei dem großen Gewicht. Nur ein guter Grund und ein wichtiger Auftraggeber können die Versetzung angeordnet haben - und da kommt Kurfürst Clemens August ins Spiel. Clemens August liebte die Parforcejagd auf den Hirsch und ließ dafür breite Schneisen und Dämme im Wald anlegen, nach einem regelmäßigen, landschaftsordnenden System, wie es in der Barockzeit üblich war. Betrachtet man eine Karte des Kottenforstes aus dieser Zeit, so ziehen sich schnurgerade Wege durch den Wald und laufen teilweise sternförmig auf das Jagdschloss Herzogsfreude bei Röttgen zu, das heute nicht mehr existiert. Ein anderer Bezugspunkt war das Schloss Augustusburg in Brühl, denn die Hauptachse des Schlossparks trifft in einer gedachten Verlängerung genau auf den Eisernen Mann. Für die Archäologen ist damit klar: Der Pfahl war bis ins 18. Jahrhundert eine Grenzmarkierung und ist dann zum Vermessungspunkt geworden, nicht für die Römer, sondern für den ehrgeizigen Wegebau des Kurfürsten Clemens August. Für die Tatsache, dass diese gedachte Linie nie zur Trasse ausgebaut wurde, gibt es eine einleuchtende Erklärung: Der Kurfürst litt in den späten Jahren seiner Regierungszeit unter notorischem Geldmangel.

Eine wichtige Frage allerdings ist weiterhin offen: Wer hat den Eisenpfosten ursprünglich gegossen? Wann und warum? Hier darf weiter spekuliert werden.

→ ADRESSE/ ANFAHRT

Naturpark Kottenforst, nördlich von Buschhoven (B 56) und östlich von Dünstekoven (L 163). Der Eiserne Mann ist nur zu Fuß oder per Fahrrad zu erreichen, der kürzeste Weg geht von Dünstekoven aus (ca. 2,5 km). Bus 845 von Bonn Hauptbahnhof aus, Haltestelle „Dünstekoven Waldstraße".

13

WILDWEST AM RHEIN

Die Montana-Ranch in Duisburg-Rheinhausen

Das Museum im Fort Laramie

Calamity-Jane liegt in Rheinhausen begraben. „Calamity Jane killed 1886", verkündet ein Grabstein auf dem kleinen Friedhof hinter der St. Patrick's Church. Neben der Westernheldin ruht Bill Stuart, „hanged by horse robbery". Pferdediebe wurden im Wilden Westen unerbittlich aufgeknüpft, das weiß jeder, der schon einmal einen Western gesehen hat. Deswegen darf der Galgen hier nicht fehlen, aber auch nicht der Glockenturm, mit dem die Stadt vor Überfällen und Bränden gewarnt wurde.

Die Gräber sind natürlich leer, auch der Galgen ist eine Attrappe, und doch ist die „Montana-Ranch" genannte Westernstadt mehr als eine Kulisse: Im Westen von Duisburg, in Rheinhausen, ist der Wilde Westen auf 10.000 Quadratmetern ziemlich lebendig. Durch das Dorf zieht sich eine Straße mit zweistöckigen Holzhäusern rechts und links, so wie es typisch ist für eine Siedlung aus der Zeit des Goldrauschs im 19. Jahrhundert – mit allem, was der abenteuerlustige Goldsucher braucht: Hotel, Barbershop, Gunstore, Schnaps-

Die Hauptstraße der Montana-Ranch

brennerei und Sattlerei. Die Bank of Montana ist hier ebenso vertreten wie die Feuerwehr, der Friseur und eine voll funktionsfähige Schmiedewerkstatt. Am Ende der Straße liegt der Golden Nugget Saloon, daneben hat der Sheriff sein Büro mit der Arrestzelle. Auf der Pferdekoppel weiden Max und Ringo, die kräftigen Kaltblüter, und mittendrin in der Westernstadt lebt Erich Wiesner. „Ich bin der einzig überlebende Cowboy auf der Ranch", sagt er und trägt meistens Cowboystiefel, Jeans und eine Lederweste mit Silberknöpfen, immer aber einen langen,

‚Fuzzy' Erich Wiesner

schlohweißen Bart. Die Rheinhausener nennen ihn ‚Fuzzy', nach dem legendären Goldgräber-Veteran der amerikanischen Mythologie. Er ist das Herz und die Seele der Montana-Ranch.

Erich Wiesner, 1931 in der Rhön geboren, hatte schon als Kind nur einen Wunsch: weg nach Amerika. Ohne je Karl May gelesen zu haben, träumte er sein eigenes Bild vom Wilden Westen. Damals wollte er Indianer sein; er steckte sich Federn ins Haar und bastelte sich seinen eigenen Bogen. Nach dem Krieg machte Erich Wiesner eine Lehre; er wanderte durch Deutschland und sparte Geld für die Überfahrt nach Amerika – und ist dann wegen einer schweren Krankheit in Rheinhausen hängen geblieben. Mit drei Freunden gründete er 1960 den ersten Indianer-Club, den „Sioux-Montana-Ranch Rheinhausen e.V.“; Wiesner spielte den Häuptling. Bald errichtete er seine erste kleine Ranch und begann, ganz und ausschließlich seinen Traum zu leben, nicht mehr als Indianer, sondern als Cowboy. Später bekam er von der Stadt das jetzige Grundstück und erbaute auf den 10.000 Quadratmetern die Westernsiedlung mit eigenen Händen.

Erich Wiesner hatte den Wilden Westen inzwischen mit eigenen Augen gesehen und Fotos und Zeichnungen von den Goldgräberstädten in Montana und den Rocky Mountains mitgebracht. So konnte er alles bis ins kleinste Detail rekonstruieren. Jedes Haus hat eine Veranda, dort kann man im Schaukelstuhl sitzen und das bunte Bild genießen. In der Sattlerei hängen Pistolenhalfter und Stiefel, und an der Werkbank fertigt Erich Wiesner eigenhändig das Sattelzeug. Auf den Bänken der Schule sitzen liebevoll eingekleidete Puppenmädchen; im Gunstore paradieren Soldaten in den Uniformen der Nord- und der Südstaaten. Der Barbershop hält Prothesen und Gebisse für die frei, aber gefährlich lebenden Cowboys bereit, und das Museum hinter dem Eingang von Fort Laramie ist bis zum Bersten gefüllt mit unzähligen Sammelstücken und Souvenirs von den Reisen nach Amerika und in andere Länder. Hier bewahrt Erich Wiesner auch selbst genähte Kleider und Trachten aus Leder und Stoff, Pelzmützen und nach indianischem Vorbild mit Perlen bestickte Westen und Gürtel auf.

Am Tag der offenen Tür kommt Leben in die Ranch, dann wird das Lasso geschwungen und musiziert. Gruppen stellen sich zum Squaredance auf, Erich Wiesner demonstriert seine Geschicklichkeit mit der Peitsche und lädt Kinder und Erwachsene zur Kutschfahrt ein. Oft machen Schulklassen einen Ausflug hierher, Kinder können auf der Ranch Geburtstag feiern, Vereine und Betriebe nutzen den Saloon als Treffpunkt. Man

Innenansicht St. Patrick's Church

kann hier sogar heiraten, denn die St. Patrick's Church ist geweiht und mit Altären, Messgewändern und Gerätschaften bestens ausgestattet. Die bunten Glasfenster hat Erich Wiesner aus einem Abrisshaus gerettet, und auch die Tür ist alt. Alles, was das Bild der Westernstadt ergänzen kann, nimmt Erich Wiesner mit – oder es findet den Weg zu ihm. Als er eines Tages bei einem Sarghändler auf drei alte Särge stieß, hat er nicht lang gezögert und sie auf die Ranch geholt, denn sie haben ihn an ein Erlebnis in Texas erinnert: Bei der Besichtigung einer aufgegebenen Goldgräberstadt entdeckte er unter der Kirche eine Kammer, in der drei Särge standen. Sie waren leer, aber mit deutschen und französischen Namen beschriftet. Erich Wiesner ging der Geschichte nach und erfuhr, dass die Goldsucher, die ja aus aller Welt zu dem Abenteuer aufbrachen, oft von ihrem ersten Geld einen Sarg kauften, um in jedem Fall würdig unter die Erde zu kommen. An diesem Ort aber hatte sich die Goldader als wenig ergiebig herausgestellt, und die Siedlung wurde schnell wieder verlassen; nur die Särge blieben zurück. Man kann sie als Symbole einer Epoche deuten, die in Amerika im 19. Jahrhundert mit dem Goldrausch zu Ende gegangen ist. Hier in Rheinhausen lebt sie im Traum von Erich Wiesner weiter.

ADRESSE/ANFAHRT

Montana-Ranch, In den Bänden, 47229 Duisburg-Rheinhausen.
15 Minuten Fußweg vom Bahnhof Rheinhausen oder mit dem Bus 923 von Duisburg Hauptbahnhof Richtung Mendelstraße, Haltestelle „Sedanstraße".
Informationen und Veranstaltungstermine über Tel.: 02065-23261 oder im Internet: www.duweb.de/montana/info.htm

Leinenhändler

14

DEUTSCHLANDS KLEIDERKAMMER

Das Tüöttenmuseum in Mettingen

Brenninkmeyer, Boecker, Hettlage – die Namen dieser Handelsriesen fehlen in keiner Fußgängerzone. Aber auch Riesen haben klein angefangen, in diesem Fall als Tüötten. „Tüötten" heißt nichts anderes als fahrende Händler; in dem Wort steckt das englische to toddle = Umherstreifen. Man kann auch „Tüodden" oder einfach „Tödden" sagen, denn der Begriff entstammt einer Geheimsprache und wurde nie in den Duden aufgenommen.

Die Geschichte der Tüötten ist auch die Geschichte des kleinen Ortes Mettingen und einiger Nachbardörfer im Tecklenburger Land. Die Bauern dort lebten in früheren Jahrhunderten traditionell vom Flachsanbau. Der Flachs wuchs gut und war die Grundlage für bestes Leinen. Allerdings konnte als Konsequenz der Erbfolge nur der älteste Sohn den Hof erben, die übrigen Söhne wurden Priester oder verdingten sich als Saisonarbeiter in den benachbarten Niederlanden als Torfstecher oder Erntehelfer. Sie blieben monatelang fort und kamen nur

Fachwerkhäuser des 19. Jahrhunderts aus Mettingen, im Museumshof wieder aufgebaut.

Wer gut zu Fuß ist, kann dem Töddenwanderweg von Osnabrück aus über Mettingen, Rheine bis nach Deventer in den Niederlanden folgen. Der Wiehengebirgsverband Weser-Ems e.V., Bierstraße 33-36, 49074 Osnabrück, hat dazu einen Wanderführer herausgegeben.

im August und im Dezember nach Hause. Irgendwann im 16./17. Jahrhundert packte dann der erste Wanderarbeiter heimisches Leinen in seinen kiepenartigen Rucksack und verkaufte die gute Ware in der Fremde. Danach sind viele mit Leinen im Gepäck über die Grenze gewandert, von Dorf zu Dorf, von Haus zu Haus, nicht nur in die Niederlande, sondern auch nach Norddeutschland und ins Baltikum. Was als Nebenerwerb begonnen hatte, war im 18. Jahrhundert dann Hauptberuf für fast alle männlichen Einwohner Mettingens und Umgebung geworden.

Die Tüötten waren aber nicht überall gern gesehen; einheimische Händler fürchteten die Konkurrenz, an manchen Orten hatten sie Verkaufsverbot und mussten heimlich arbeiten. Wenn zwei Tüötten in Anwesenheit eines Dritten etwas zu bereden hatten, sagte der eine zum anderen: „Quäs Humpisch – Sprich die Geheimsprache“, und dann

An Spinnrad und Webstuhl

wurde in der Kneipe bei einem guten Essen der Handel besprochen: „In'n Tispel bi'n fitsen Butt wöt de Rödel bequässt." Danach machten die Tüötten sich wieder auf den Weg, um Geld zu verdienen: „De Tüötten strüchelten, um Büchte te quinten." Die Entwicklung des Humpischen liegt im Dunklen, vermutlich ist es ein Gemisch von Ausdrücken aus dem Niederdeutschen, Jiddischen, Lateinischen, Französischen und anderer Sprachen. Der letzte Mettinger, der diese Sprache beherrschte, starb in den 1930er Jahren.

Die Tüötten waren zwar fahrende Händler, aber beileibe keine armen Hausierer. Das Qualitätsleinen brachte viel Geld ein. Doch die Händler boten im Laufe des 18. Jahrhunderts auch andere Waren an, Wollstoffe, Kurzwaren und so weiter. Einige wurden Großhändler, andere eröffneten in den Städten Niederlassungen, stiegen in das Bekleidungsgeschäft ein und gründeten die heute noch existierenden Textilunternehmen.

Wie der Wohlstand auch die Heimatdörfer verändert hat, zeigt das Hotel Telsemeyer in Mettingen; dort hat der Heimatverein in den Gaststuben und in drei im Hof aufgebauten Fach-

Holzschuhmacherwerkstatt

werkhäusern ein kleines Museum eingerichtet. Das historische Gasthaus war 1780 als Handelshaus gebaut worden; in einer heute zum Hotel gehörenden Gewölbestube hatte die 1795 gegründete Bank und Wechselstube ihren Sitz. Bereits 1664 war Mettingen Poststation auf der Strecke von Osnabrück in die Niederlande geworden.

Die drei Fachwerkhäuser sind im Stil des 17. und 18. Jahrhunderts eingerichtet, mit gediegenen Möbeln und dem Hausrat, den sich die wohlhabenden Händlerfamilien leisten konnten. Während die Männer unterwegs waren, saßen die Frauen hier an den Spinnrädern und Webstühlen und produzierten das begehrte Leinen. Glasfenster und Wandmalereien erzählen vom Aufstieg einiger Mettinger Familien. Die Brenninkmeyers zum Beispiel lassen sich bis ins Jahr 1664 zurückverfolgen, 1841 gründeten die Brüder Clemens und August Brenninkmeyer im holländischen Sneek ihr erstes Geschäft. Aber wie die anderen groß gewordenen Handelsfamilien kamen auch sie immer wieder nach Mettingen zurück, unterstützten mit ihrem Geld die Kirche und soziale Einrichtungen, bauten am Ortsrand prächtige Villen und ließen sich auf dem Dorffriedhof begraben, begleitet von dem ‚Gebet des Tüötten‘: „Häär, hier lig een Häupken möe Knuoken, Häär, sienge se!“ Das ist plattdeutsch, nicht humpisch, und bedeutet: „Herr, hier liegt ein Häuflein müder Knochen, Herr, segne sie!“

→ ADRESSE/ANFAHRT

Tüöttenmuseum Mettingen im Romantikhotel Telsemeyer,
Markt 6–8, 49497 Mettingen
Geöffnet: täglich 9–21 Uhr; bei Veranstaltungen eingeschränkter Zugang.
Führungen nach Anmeldung,
Tel.: 05452-9110 oder 05452-5213 (Tourist-Information)
Zu erreichen über die A 1, Ausfahrt Osnabrück-Hafen, oder A 30, Ausfahrt Laggenbeck.

15

SAMT UND SEIDE FÜR DEN KLERUS

Die historische Paramentenweberei Hubert Gotzes in Krefeld

Schals mit byzantinischem Elefantenmuster, gewebt auf den historischen Webstühlen.

Die Luisenstraße in der Krefelder Innenstadt ist eine ruhige Wohnstraße mit zweieinhalb-geschossigen Häusern aus der Gründerzeit. Wäre nicht an der Hausnummer 15 ein Messingschild angebracht mit der Inschrift „Hubert Gotzes - Paramente“, würde niemand hinter den Mauern eine komplette Weber-Werkstatt mit Nähstube und Büroräumen vermuten. Mit Paramenten sind Textilien für den kirchlichen Gebrauch gemeint, Altartücher, Decken und vor allem die verschiedenen Typen der liturgischen Gewänder. Bis in die 1990er Jahre wurden hier in der Luisenstraße noch Gewänder für den Klerus gewebt und genäht.

Die Geschichte der Firma reicht zurück bis ins 19. Jahrhundert. Krefeld wird ja auch die Stadt von Samt und Seide genannt, neben Lyon war sie 300 Jahre lang ein wichtiges Zentrum der Seidenindustrie. Mit der französischen Besetzung des Rheinlandes durch Napoleon wurden die Zünfte aufgelöst und so die Gewerbe-

Weben im Detail: Kostbare Garne werden hier verarbeitet

freiheit begünstigt; nicht mehr nur die traditionellen kostbaren Kleiderstoffe kamen auf den Markt, sondern etliche neue Produkte, vor allem kirchliche Textilien. Während der Zeit der französischen Besatzung sind viele Kirchen geplündert und liturgische Gewänder zerstört worden, sodass auf diesem Gebiet großer Nachholbedarf herrschte. Außerdem wurden Möbelstoffe und Krawatten hergestellt – Textilien, die heute noch in Krefeld gewebt werden.

Nicht wenige junge Unternehmer haben sich um die Mitte des 19. Jahrhunderts auf die Herstellung von Paramentenstoffen spezialisiert. Die Stadt förderte die Produktion, denn durch moderne, verbesserte Webstühle waren viele Weber arbeitslos geworden; kirchliche Textilien jedoch mussten wegen der empfindlichen Gold- und Silberfäden immer noch auf Handwebstühlen gefertigt werden. Außerdem machte der geringe

Stoffbedarf den Ankauf von teuren Maschinen wirtschaftlich unrentabel; für eine komplette Kapelle, d. h. für ein ganzes Ensemble mit Chormantel, Dalmatika, Kelchvelum und so weiter reichten 28–30 Meter Stoff.

Der Aufschwung in der Herstellung von Paramenten ging einher mit einer Renaissance mittelalterlicher Muster. Franz Bock, ein Krefelder Pfarrer, hatte eine umfangreiche Sammlung alter Priestergewänder zusammengetragen und in einem dreibändigen Werk die Geschichte der Paramente publiziert - ein Musterbuch für die tatendurstigen Stoffdesigner. Zu denen, die sich auf Paramente spezialisiert hatten und aus dem Repertoire dieser historischen Formen schöpften, gehörte Theodor Gotzes mit seiner 1889 gegründeten Werkstatt. Er ließ von den damals bedeutenden Kirchenkünstlern Vinzenz Statz und Friedrich Stummel auch neue Muster entwerfen. Seine Produkte waren in Kirchenkreisen sehr geschätzt und erhielten zahlreiche Auszeichnungen, zum Beispiel eine Goldmedaille auf der Weltausstellung in Chicago 1893 und eine weitere auf der Weltausstellung in Paris 1900.

Bei ihm in die Lehre ging Hubert Gotzes, ein entfernter

Mit goldenen Fäden in schwarzen Stoff gewebt – das Granatapfelmuster

Verwandter. Dieser machte sich 1905 selbstständig und wurde genauso erfolgreich wie sein Lehrmeister. Er machte sogar eine Zweigstelle in Chicago auf, in einer der reichsten Diözesen der Welt. Der Brief einer Nonne aus eben dieser Stadt wird auch immer wieder zitiert; sie berichtet darin von einer Prozession, die im Regen stattfand: Die Farbe der Paramente lief aus, und sie boten einen kläglichen Anblick, nur die Produkte aus dem Haus Hubert Gotzes erwiesen sich als farbecht.

1908 zog Hubert Gotzes mit seiner Werkstatt in die Luisenstraße, 1969 ging der Betrieb an Erwin Maus. Inzwischen hatten

Seidenweber Wendelinus Breuer am Webstuhl

sich allerdings die Marktbedingungen für kirchliche Gewänder geändert: Die Liturgiereform der 60er Jahre forderte schlichte einfarbige Gewänder; kostbare, golddurchwirkte Stoffe waren nun nicht mehr zeitgemäß. 1992 wurde der Betrieb geschlossen; alles blieb so stehen und liegen, wie es war. Doch inzwischen hat ein Förderverein mit Hilfe der NRW-Stiftung die Werkstatt gekauft, und so kann sie heute als Museumsweberei besichtigt werden.

Direkt neben dem Hauseingang liegt ein altmodisch eingerichteter Empfangsraum mit Kontor; in einer Ecke stehen ein paar bequeme Sessel. Hier konnte einst die Kundschaft Platz nehmen und in aller Ruhe die Musterbücher durchblättern, um sich für ein Muster zu entscheiden. Einfache Priester bekamen dabei eine Tasse Kaffee angeboten, für den höheren Klerus durfte es auch schon mal ein Gläschen Champagner sein. Im Hinterhaus lag früher die Nähstube, heute sind dort Musterzeichnungen, Stoffproben und fertige Gewänder ausgestellt. Über eine enge Treppe gelangt man in den Websaal, ein überraschend schmaler, länglicher Raum mit sieben hintereinander aufgestellten Webstühlen. An der Längswand stehen Regale, auf denen die Musterzeichnungen aufbewahrt werden sowie die Lochkarten, mit denen die Muster gewebt werden. Hinter einem Vorhang versteckt, lagern die Garnvorräte; die in allen Farben schimmernden Seidenfäden, die Gold- und Silbergarne sind extrem lichtempfindlich und werden deswegen immer nur kurz gezeigt. Auch wenn die Weber an den Webstühlen sitzen, darf nicht zu viel Tageslicht auf die Arbeit fallen, damit die Fäden nicht brechen. Denn auch heute wird wieder auf den Webstühlen gewebt, um den Besuchern zu zeigen, wie das Schiffchen durch die Kettfäden saust, wie die Fäden, die durch die Lochkarten geführt sind, sich heben und senken und so Zentimeter für Zentimeter die Jacquard-Seidenstoffe - wie die Stoffe mit eingewebtem Muster genannt werden - entstehen. 80 bis 130 Zentimeter konnte ein guter Weber bei 54 Zentimeter Stoffbreite am Tag herstellen; auch die Museumsweber, die die Arbeit am Webstuhl demonstrieren, schaffen immer noch ihr Pensum, schließlich haben sie die Handweberei im Betrieb gelernt. Und sie weben nach wie vor die alten Muster, für die die Weberei Gotzes bekannt war, beispielsweise das Granatapfelmuster, ein sehr beliebtes Motiv, das aus Samt oder aus Seide in verschiedenen Farbkombinationen gewebt werden kann. Besonders prachtvoll wirkt das Muster, wenn die Granatäpfel mit goldenen Fäden in schwarzen Samt gewebt werden. Diese Variante wurde in der Weberei Gotzes früher häufig bestellt; auch der Kölner Dom besitzt derart gemusterte Gewänder. Während der Begräbnisfeierlichkeiten für den verstorbenen Oberbürgermeister Harry Blum im Frühjahr 2000 trug Kardinal Meissner zum Beispiel eine solche schwarz-goldene Kasel mit Granatapfelmuster. Heute verarbeitet die Weberei Gotzes die alten Muster zu wunderbaren Schals, und so gilt wieder der alte Spruch, der schon im 19. Jahrhundert die Runde machte: „In neuester Zeit werden die prächtigen alten gemusterten Sammete und Sammetbrokate mit viel Glück in Krefeld wieder nachgebildet."

→ ADRESSE/ ANFAHRT

Haus der Seidenkultur – Historische Paramentenweberei Hubert Gotzes, Luisenstr.15, 47799 Krefeld
Öffnungszeiten: 1. Sonntag im Monat 14–18 Uhr; Führungen nach Vereinbarung,
Tel.: 02151-936960;
Internet: www.seidenkultur.de

16

EIN ANRÜCHIGES BAUWERK

Das Secktürmchen in Bad Münstereifel

Das Wort „Seichen“ bedeutet in der Umgangssprache „Wasser lassen“, deutlicher gesagt: „Urinieren“; im Rheinischen heißt das Gleiche „Secken“. Ein Turm, der im Volksmund Seckturm genannt wird, hat also etwas mit dieser Körperflüssigkeit zu tun, so die zwangsläufige Schlussfolgerung. Ob das Secktürmchen am Markt

→ ADRESSE
Der Seckturm liegt in Bad Münstereifel am Markt, gegenüber des Michaelgymnasiums und direkt an der Erft.

Blick auf Bad Münstereifel

in Bad Münstereifel aber tatsächlich danach benannt worden ist, ist keineswegs sicher, sondern nur eine Theorie – allerdings eine relativ gut begründete: Urin wurde früher zum Auswaschen und Walken von Schafwolle gebraucht. Die Wolle wurde mit Wasser gekocht, dem Urin und Soda zugesetzt war, um Tierschweiß und Wollfett zu lösen. Der Urin ersetzte also die Seife. In Tuch produzierenden Gemeinden war es nichts Ungewöhnliches, dass ein Fuhrwerk oder ein Mann mit einem Bottich auf dem Rücken morgens durch die Straßen zog und den Inhalt der Nachttöpfe einsammelte. In Münstereifel hatte der so genannte ‚Seckhannes' diese Aufgabe inne, und vielleicht hat er die Flüssigkeit zu *jenem* Turm am Markt gebracht.

Der Turm wurde, wie das ganze Gebäude, an das er angebaut ist, im 19. Jahrhundert errichtet; er erscheint erst nach 1877 auf den Katasterplänen. Es handelt sich um ein schmales rundes Gemäuer mit einem kegelförmigen Turmhelm. In drei Geschossen wird das Mauerwerk von kleinen runden Öffnungen durchbrochen, den Lüftungslöchern. Folgt man der Theorie, haben auf diesen drei Etagen im Inneren die Sammelbehälter mit dem Urin gestanden. Im Erdgeschoss soll das Türmchen früher noch eine vergitterte Öffnung gehabt haben, durch die die spät aus den Kneipen heimschwankenden Männer ihre Notdurft direkt ins Innere erledigen konnten.

Die Tuchproduktion in Münstereifel allerdings ist viel älter als das Secktürmchen; schon im 9. Jahrhundert werden hier Leinenweber erwähnt. 1399 räumte der Markgraf von Jülich den Wolltuchwebern das Privileg ein, ihre Ware nach Kölner Recht

Im Hürten-Heimatmuseum ist ein Raum der Wollweberei gewidmet. Dort kann man einen Webstuhl aus der Zeit um 1700 besichtigen, außerdem sind die Zunftlade aus dem 17. Jahrhundert und die Zunftfahne der Wollweber ausgestellt.
Hürten-Heimatmuseum, Langenhecke 6, 53902 Bad Münstereifel, Tel.: 02253-8027
Geöffnet: Di–Fr 9–12 Uhr; Mi auch 14–16 Uhr; Sa und So 13–16 Uhr.

Secktürmchen

herzustellen und zu verkaufen; das spricht für die überregionale Bedeutung des Gewerbes, denn dadurch wurde für die Produkte ein einheitlicher Qualitätsstandard garantiert, und die Ware war für den Fernhandel geeignet. Im Jahr 1411 schlossen sich die Weber zur Zunft zusammen. Noch heute zeugen die reich verzierten Fachwerkhäuser der Stadt von dem Wohlstand des Handwerks. Gut verdient haben auch die Zulieferbetriebe, d.h. die Spinner, die Färber, die Tuchscherer und die Walker, also die, die Urin verwendet haben.

1794 allerdings, also noch bevor das Secktürmchen gebaut wurde, lösten die Franzosen die Zunft auf und leiteten damit den Niedergang der Tuchproduktion ein. Die Handweber im abgelegenen Münstereifel verloren den Anschluss an die modernen Produktionsmethoden. Zwar wurde die Zunft im 19. Jahrhundert nochmals restituiert, aber das Zunftvermögen fiel 1897 an die Kirche. Der Bau der Eisenbahn 1890 kam zu spät; zu diesem Zeitpunkt war die Tuchindustrie längst an den Verkehrsknotenpunkt Euskirchen abgewandert. In das Haus, vor dem das Türmchen steht, zog eine Druckerei – aber angeblich sollen die Münstereifeler nachts noch lange Zeit an die Mauer gepinkelt haben.

Wie gesagt, die Nutzung als Urinsammelstelle ist nicht belegt; möglicherweise gehörte das gut belüftete Türmchen auch zu einer Bierbrauerei und diente als Malzdarre.

Interessantes zum Weberhandwerk gibt es auch in dem privaten Handwebmuseum in Münstereifel-Rupperath, ca. 12 km vom Stadtkern von Bad Münstereifel entfernt: Schulweg 1, 53902 Bad Münstereifel-Rupperath, Tel.: 02257-7111 Geöffnet: täglich 10–18 Uhr

17

EIN VULKAN IN PRIVATBESITZ

Der Desenberg bei Warburg

Der Desenberg

Es gibt den Vesuv bei Neapel und den Ätna auf Sizilien, es gibt den Kilimandscharo in Ostafrika und den Fujiyama in Japan - wunderschöne, stolze Berge, deren vulkanischer Ursprung schon von weitem an ihrer ebenmäßigen Kegelform ablesbar ist. Und es gibt den Desenberg bei Warburg, ein Vulkan, der mit seiner gleichmäßigen Gestalt den großen Brüdern in nichts nachsteht, er ist halt nur ein bisschen kleiner. Wie ein Mini-Fujiyama beherrscht der 343 Meter hohe Basaltkegel die sanft hügelige Warburger Bördelandschaft zwischen hessischem Bergland, Eggegebirge und Teutoburger Wald. Vom Fuß des Berges aus betrachtet, wirkt der Vulkan plötzlich nur noch wie ein kleiner Hügel, aber der steile, atemraubende Aufstieg über Treppen beseitigt jeden Zweifel: Der Desenberg ist wirklich eine ernst zu nehmende Erhebung. Und es geht noch höher: Auf dem Gipfel thront die Ruine einer Burg aus dem 12.–14. Jahrhundert mit einem Aussichtsturm. Von dort kann der Blick frei in

Die Daseburg auf dem Desenberg

ADRESSE/ ANFAHRT

Von Warburg aus die L 838 Richtung Daseburg. Nach ca. zwei Kilometern erreicht man den Rastparkplatz am Fuß des Berges; von dort führen Treppen hinauf. Die L 838 führt, aus Warburg kommend, auch in Bahnhofsnähe vorbei. Der Berg ist für Wanderer und Radfahrer vom Bahnhof aus gut zu erreichen.

alle Richtungen schweifen, über Felder, Wiesen und Täler bis zu den entfernteren Gebirgszügen.

Vor ca. 10.000.000 Jahren brodelte die Erde und durchbrach die Erdkruste, und so entstand hier in Ostwestfalen der nördlichste Vulkan in Deutschland. Sicher war der Desenberg früher ein ganzes Stück höher, genau so sicher ist, dass der Vulkan schon lange nicht mehr aktiv ist. Die Herren, die um 770 n.Chr. zur Zeit der Sachsenkriege eine erste Burg auf dem Gipfel errichteten, hatten keinen Ausbruch zu fürchten. Auch Karl der Große, der der Sage nach bis heute im Inneren des Berges sitzt und sich von seinen Heldentaten ausruht, ist dort sicher wie in Abrahams Schoß. In aller Ruhe kann er darauf warten, dass sein karolingisches Reich wieder entsteht. Weiter wird erzählt, dass Hirten eines Tages den Weg in die unterirdische Halle gefunden und dem Kaiser auf ihren Hirtenflöten vorgespielt hätten. Reich beschenkt seien sie aus dem Berg zurückgekommen, wo der Eingang läge, hätten sie aber bald vergessen.

Bevor Kaiser Karl den Berg bezogen hat, soll dort ein fürchterlicher Drache gehaust haben. Immer wieder flog er aus und zerstörte das Land; niemandem gelang es, ihn zu besiegen, bis endlich ein listiger Krieger auf die Idee kam, dem Ungeheuer einen Spiegel vorzuhalten. Der Drache war von dem Anblick so erschrocken, dass er erlegt werden konnte. Der tapfere Held wurde belohnt, unter anderem mit einem Wappen, das drei Spiegel zeigt. Mit Bezug auf diese Sage nannten sich die späteren Herren der Burg ‚Spiegel zu Desenberg', bis zum heutigen Tag.

Aber ehe die Familie Spiegel zu Desenberg dort ansässig wurde, gingen Berg und Burg durch viele Hände - meistens durch Schenkungen, seltener durch Eroberungen, denn seine frei stehende Lage und die steilen Flanken machten den Berg fast uneinnehmbar. Aber als strategischer Punkt im Grenzgebiet zwischen Hessen und dem Bistum Paderborn war der Desenberg ein begehrtes Ziel militärischer Auseinandersetzungen; Grabungen haben Spuren heftiger Kämpfe ans Licht gebracht, beispielsweise Brandschichten und Reste von Armbrüsten. Im Jahr 1168 rennt Heinrich der Löwe mit seinen Truppen gegen den Berg an - vergeblich. Daraufhin lässt er Bergleute aus Goslar kommen und vom Fuß des Desenbergs aus einen Stollen in den Felsen graben, um auf diese Weise die Wasserzufuhr zu unterbrechen - die Belagerten müssen aufgeben.

Im Jahr 1275 fällt die Burg dann an das Geschlecht derer von Spiegel zu Desenberg. 1470 allerdings gelingt es dem Bischof von Paderborn, den Besitz zu belagern und zu erobern, danach erhielt die Familie die Burg als Lehen zurück. Nach der endgültigen Festlegung der Landesgrenzen zwischen Hessen und Paderborn verlor sie an Bedeutung und verfiel. Noch heute gehören Burg und Berg einer Gräfin Spiegel zu Desenberg - der einzige Vulkan Norddeutschlands ist in adeligem Privatbesitz, kann aber von jedem bestiegen werden, der genug Puste hat.

Die Besucher des Desenbergs sollten eine Besichtigung des Zentrums von Warburg nicht versäumen. In der Neustadt sind besonders die spätgotische Pfarrkirche St. Johannes, die ehemalige Dominikanerkirche und das Renaissance-Rathaus zu erwähnen, in der im Tal gelegenen Altstadt die gotische Pfarrkirche St. Mariae Heimsuchung und zahlreiche Fachwerkhäuser.

18

KATHEDRALE FÜR DEN FORTSCHRITT

Das Jugendstilkraftwerk Heimbach

Unweit von Heimbach an der Rur liegt im Schatten eines steilen Berghangs Deutschlands schönstes Wasserkraftwerk. Der längsrechteckige Bau ist weiß verputzt, an der Bergseite flankieren zwei stumpfe, turmartige Aufsätze das leicht gewölbte Dach. Die Architektur wirkt ein wenig streng, fast klösterlich – das Bauwerk könnte eine Kirche sein, wären da nicht die feinen Anspielungen auf seine stromerzeugende Funktion in den Details der Formen und Dekors:

Elliptische Fenster- und Portalöffnungen durchschneiden das Untergeschoss und die Turmhelme - eine Umsetzung der Sinusschwingungen des Stroms in Architektur. Ornamentale grüne Wellenlinien im Putz spielen symbolisch auf das kraftspendende Wasser an. An der Stirnseite des Gebäudes befand sich früher das Hauptportal, auf dessen Holztür farbig abgesetzt kleine Flämmchen emporzüngeln: die Funken der Elektrizität. In den schweren getriebenen Türgriffen wiederholt sich das Wassermotiv. Die Dachbalken des kleinen Vordachs über dem Portal enden in geschnitzten Drachenköpfen mit geöffnetem Maul und gefletschten Zähnen. Über dem Eingang zeichnet sich auf der Mauer ein großes Oval ab, mit einer roten, ornamentalen Sonne, die ihre Strahlen weithin aussendet. Doch das Ornament lässt sich auch anders interpretieren: als Turbinenwelle, die konzentrisch von Lauf- und Leiträdern umgeben ist, und von der Blitze in alle Himmelsrichtungen ausgehen. Darunter steht in Jugendstilbuchstaben geschrieben: „Kraftwerk der Urfttalsperre erbaut i. J. 1904“.

Die Regenmengen in der Nordeifel haben bis ins 19. Jahrhundert immer wieder die größten Flüsse der Gegend, Rur, Olef und Urft, dramatisch über die Ufer steigen lassen. Dann entschloss sich die Rheinische Provinzialregierung, die Wassermassen durch Stauseen zu regulieren, und in den 1890er Jahren begannen die Planungen für die größte Talsperre auf dem Kontinent, den Urftstausee. Auf den Rat von Fachleuten hin wurde gleichzeitig der Bau eines Kraftwerks in die Überlegungen mit einbezogen, um so die hohen Kosten wieder

Innenraum des Kraftwerks, auf der Empore die eindrucksvolle Schalttafel

auszugleichen. Der größte Teil der Nordeifel wartete noch auf die Elektrifizierung und versprach große Zuwachsraten.

Das Kraftwerk wurde allerdings nicht unterhalb der Staumauer eingerichtet, sondern nördlich des Urftsees jenseits eines Bergmassivs. Dorthin strömt das Wasser mit einem Gefälle von 110 Metern durch einen 2,9 Kilometer langen Stollen im Berg und wird so mit großem Druck zu den Turbinen des Kraftwerks geleitet.

→ ADRESSE/ ANFAHRT

RWE-Wasserkraftwerk Heimbach, Kleestraße, 52396 Heimbach-Hasenfeld.
Geöffnet: Für Einzelbesucher und Familien Mo–Fr 14.30 Uhr, Sa u. So 14 Uhr.
Von Düren mit der Rurtalbahn bis Endstation Heimbach, von dort 2,5 km Fußweg durch Heimbach und an der Rur entlang bis zum Kraftwerk.
Das Kraftwerk wird auch als Konzertsaal genutzt. Informationen über das Programm: www.spannungen.de

1904 lief der Urftsee voll, und das Kraftwerk konnte seinen Betrieb aufnehmen; es begann mit einer Leistung von zwei Megawatt. Die ersten Jahre konnte damit der Energieverbrauch des Landkreises gedeckt werden, aber schon bald mussten andere Stromerzeuger den Bedarf ergänzen.

Im Zweiten Weltkrieg beschädigten Bomben das Kraftwerk. 1948 wurde es wieder angefahren und erzeugt heute noch 40-50 Millionen Kilowattstunden Energie, das entspricht dem Verbrauch von rund 10.000 Haushalten. Allerdings haben inzwischen zwei moderne Turbinen die Aufgabe übernommen, wie der Blick in den Innenraum verrät. Für diese Modernisierung musste das alte Hauptportal geschlossen und der Eingang an die Seite gelegt werden. Aber nach wie vor faszinieren innen wie außen die Sorgfalt und Liebe zum dekorativen Detail, verbindet sich hier Funktionalität mit der Schönheit des Designs: Jugendstillampen aus Messing und Milchglas, hell- und dunkelgrün gekachelte Wände. Am beeindruckendsten jedoch ist die Empore an der Rückwand des Innenraums mit der breiten, verschwenderisch prächtig ausgestatteten Schalttafel: Dunkle Holzleisten und glänzende Messingbänder gliedern eine Wand aus weißem Marmor und geben den Mess-Skalen, Hebeln, Knöpfen und Lämpchen einen vornehmen Rahmen. Hier hatte der Obermaschinist die Zeiger der Anzeigen und die acht Turbinen im Blick, hier war seine Kommandobrücke, hier war er der Hohepriester in der Kathedrale der Energiegewinnung.

Der ehemalige Haupteingang

19

WO HERKULES DEN KAKUS SCHLUG

Die Kakushöhle bei Mechernich

Kakus war ein grässliches Ungeheuer; der Sage nach stahl er dem Herkules eine Herde Rinder, die der Held an seiner Höhle vorbeitrieb. Zwar hatte Herkules die Rinder selber auch erbeutet, aber diese Schmach konnte er nicht auf sich sitzen lassen und bezwang den Kakus im Ringkampf. Schauplatz dieser Auseinandersetzung soll das steile Ufer des Tibers bei Rom gewesen sein. Als nun im 19. Jahrhundert ein romantisch veranlagter Privatgelehrter die von Höhlen durchlöcherte Felswand bei Mechernich-Dreimühlen in

der Eifel betrachtete, fühlte er sich an diese italienische Landschaft erinnert und gab dem Ort den Namen „Cacushöhle“. Die nüchterne, wissenschaftliche Bezeichnung lautet ‚Kartsteinhöhle‘, nach der Morphologie des Gesteins.

Die Felsformation in der Nordeifel ist ein relativ junges Gebilde, sie entstand erst vor ca. 300.000 Jahren während der mittleren Eiszeit. In einer längeren, feuchten Warmphase, der Zwischeneiszeit, flossen große Mengen Wasser aus einer kalkreichen Quelle den Hang

Gesteinsdetail in der Kakushöhle

hinab, rieselten über eine Bodenschwelle und kamen anschließend auf einer ebenen Fläche zur Ruhe, wo das Wasser einen Tümpel bildete. Hier setzte sich der Kalk ab und wurde zu einem mächtigen Block aus Travertin. In den hellen Felswänden kann man überall eingeschlossene Kieselsteine sehen, denn die Travertinschichten sind mit Geröll durchsetzt. In den folgenden Jahrtausenden wurden größere Mengen des losen Gesteins herausgespült, sodass sich kleinere, aber auch große Höhlen gebildet haben. Heute führt ein Rundweg am Fuß der ca. 20 Meter hohen Felswand vorbei, über einen Platz, der sich gut als Picknickstelle eignet, hin zu den Höhleneingängen. In der großen Höhle ist es feucht und dämmrig, aber nicht zu dunkel, um den hinteren Ausgang zu finden, durch den man an die Rückseite des großen Felsblocks gelangt, zu einer weiteren kleinen Höhle

Nicht nur die Höhlen, auch das Plateau auf dem Höhlendach mit seinen nach drei Seiten steil abfallenden Rändern war ein geeigneter Zufluchtsort. Auf dem Plateau hat man Spuren einer keltischen Handwerkersiedlung mit Eisenschmelze gefunden, die durch einen nach wie vor sichtbaren Wall an der ungeschützten vierten Seite abgeschirmt war. Alle Funde aus der Kartsteinhöhle und Umgebung befinden sich heute im Rheinischen Landesmuseum Bonn.

und zum Aufstieg auf das Dach der Höhlen.

Der malerische, wildromantische Ort war schon am Beginn des 20. Jahrhunderts ein beliebtes Ausflugsziel, sogar Kronprinz Friedrich Wilhelm schaute am 5. August 1902 hier vorbei. In Erinnerung an diesen hohen Besuch wurde eine monumentale Kaiserbüste aufgestellt, die noch heute, allerdings kopflos und verwittert, den Platz vor den Höhlen bewacht.

Natürlich gerieten die Höhlen auch in den Blick der Forschung. Wissenschaftler vom damaligen Provinzialmuseum Bonn begannen mit ersten Grabungen und entdeckten neben römischen und eisenzeitlichen Funden zahlreiche Werkzeuge und Knochen aus der Steinzeit. Im Jahr 1977 drohte das Dach der großen Höhle einzustürzen, und man nutzte den Bau von Stützmauern und Betonpfeilern, um in diesem Zusammenhang systematische Untersuchungen durchzuführen. Auf diese Weise kann man sich heute ein deutlicheres Bild von der Vergangenheit der Kakushöhle machen:

Bereits zur Zeit der Entstehung des Felsmassivs vor etwa 300.000 Jahren lebten hier Menschen; das haben einige im Stein festgebackene einfache Werkzeuge des Homo erectus bewiesen. Die Fundschicht aus der letzten großen Eiszeit, die vor etwa 110.000 Jahren begann, enthält Knochen der unterschiedlichsten Tierarten, von der kleinen Nordischen Wühlmaus bis zu Wollnashorn und Mammut; außerdem Faustkeile und Schaber des Neandertalers. Die Neandertaler haben in den Höhlen Zuflucht gesucht, auch kurzfristig gelagert und im Winter den gefährlichen Höhlenbären gejagt, aber nicht dauerhaft gewohnt. Wieder etliche zehntausend Jahre später, um 12.000 v. Chr., durchwanderten große Pferde- und Rentierherden die

Wildromantischer Bewuchs

Blick auf die Felswand

Vor der Kakushöhle

eiszeitlichen Steppen. Vom Dach des Felsmassivs aus haben Jäger den Zug der Tiere beobachtet, denn damals hat noch kein Wald den Blick verstellt, und man konnte bis in die Ebene bei Euskirchen schauen. Die Überreste von mindestens 17 Rentieren wurden gefunden, und die Knochen lassen erkennen, dass die Jäger das vom Fleisch befreite Gebein zerschlagen haben, um das Mark zu gewinnen und noch kleinste Restchen Fett auskochen zu können.

Die strategischen Vorzüge des 400 Meter hoch gelegenen Kartsteins haben auch die Römer erkannt und ihre Spuren hinterlassen: Von hier aus ließ sich die nicht weit von den Höhlen verlaufende Wasserleitung überwachen. Später, zur Zeit der Frankeneinfälle, haben sich offenbar einzelne Gruppen oder Familien hier versteckt – vergebens, wie ein von einem Hieb verletztes Schädelfragment vermuten lässt.

Heute dienen die Höhlen Fledermäusen als Behausung.

→ ADRESSE/ ANFAHRT

Die Kakushöhle liegt in der Eifel an der B 477, im Weiler Dreimühlen zwischen Mechernich und Nettersheim. Mit dem Bus kann man sie vom Bahnhof Mechernich mit der Linie 896 erreichen.

20

1000 JAHRE
PETRI HEIL

Das Fischerei-Museum in Troisdorf-Bergheim

Im Mündungsgebiet der Sieg herrscht ein wenig Urwaldatmosphäre: Zahlreiche Altarme durchziehen den dichten grünen Wald, die Wege sind sumpfig, Kormorane und Reiher fliegen über die Köpfe hinweg, auf dem Wasser schnattern Enten, und vom nahen Rhein her hört man das Tuckern der großen Lastkähne. „Oberste Fahr. Altarm der Sieg – Eigentum der Fischerei-Bruderschaft zu Bergheim an der Sieg", so steht es auf einem Schild am Rande des Naturschutzgebietes. Mittendrin dümpelt auf einem Altarm ein alter, unter Denkmalschutz stehender Aalschokker mit dem

Fahne mit dem Wappen der Fischerbruderschaft

Namen Maria Theresia; hier hat die Fischereibruderschaft am Rande des Steilufers ihr Museum. Es wurde 1987 zum 1000-jährigen Bestehen der Bergheimer Bruderschaft eröffnet. Gefischt wurde hier schon sehr viel länger, bereits in der Merowingerzeit konnten die Bergheimer weitgehend unabhängig von der Grundherrschaft den

Herzlich willkommen im Museum

reichen Fischbestand der unteren Sieg nutzen. Im 10. Jahrhundert gründete der lokale Grundherr im nahe gelegenen Vilich ein Kloster, das er großzügig mit Ländereien ausstattete. 987 bestätigte Kaiser Otto III. in einer Urkunde die Gründung und verlieh dem Kloster eine Reihe von Privilegien. Zu diesen zählte unter anderem die Unabhängigkeit von jeder weltlichen Herrschaft, und damit behielten auch die auf den Besitzungen des Klosters lebenden Bauern und Fischer ihre überlieferten Rechte. Bald organisierten die Fischer sich in einer zunftähnlichen Bruderschaft, der ältesten Bruderschaft auf deutschem Boden. Die Rechte und Pflichten wurden in weiteren Urkunden festgehalten. So musste zum Beispiel ein Drittel jedes Fangs an das Kloster abgeliefert werden. Die Mitgliedschaft vererbt sich bis heute von den Vätern auf ihre ehelichen Söhne; seit hunderten von Jahren sind es immer dieselben Namen, die in den Urkunden und Protokollen auftauchen: Engels, Mertens, Schell, Grommes, Boss, Brungs. Wie einst trifft sich die Bruderschaft zweimal im Jahr – am Samstag nach Dreikönige und nach Johannes Baptist (24. Juni) –, um ihre Angelegenheiten zu besprechen. Die Fischerei mit langen Netzen und Reusen war schon immer Teamarbeit; es sind viele Hände notwendig, um die prall gefüllten Netze an Bord zu hieven. Mit dem Fang haben die Fischer ihre Familien ernährt und dafür gesorgt, dass bei der katholischen Bevölkerung im Umkreis freitags auch frischer Fisch auf den Tisch kam. Um den Verkauf kümmerten sich die Frauen, sie transportierten den Fang körbeweise oder auf Handwagen auf den Markt. Aus diesem Grund lebten in Bergheim auch einige Korbflechter.

Die Wasserverschmutzung im 20. Jahrhundert hat der gewerbsmäßigen Fischerei an der Sieg genauso wie an den übrigen deutschen Flüssen ein Ende bereitet; die Fischerbrüder mussten sich umschulen lassen. Doch ehe die Netze und Reusen als Schmuck in Partykellern verschwanden, haben die traditionsbewussten hiesigen Brüder die Utensilien und Gerätschaften gesammelt und für die Nachkommen aufbewahrt. Zur 1000-Jahrfeier konnten sie dann das Museum bauen und so die Geschichte der Bruderschaft dokumentieren. Den unteren Raum bestücken Fanggeräte, Reusen aus Weidengeflecht, verschiedene Netze, Modelle von Booten,

Von oben nach unten:

Prachtexemplar eines Hechtes

Schiffsmodell

Reusen und Netze

Winterstimmung im Mündungsgebiet der Sieg

Fischotter aus der Sieg

Harpunen, die schön bestickte Fahne mit dem Bild ihres Patrons, des heiligen Petrus, und Schautafeln mit Kopien der Urkunden. An der Wand prangt ein präparierter Hecht, 126 Zentimeter lang, 18 Kilogramm schwer, gefangen im Jahr 1998; ihm gegenüber hängt ein Prachtexemplar von einem Wels, 120 Zentimeter lang, 19,5 Kilogramm schwer, gefangen am 21. Juli 2003 vom Fischerbruder K. H. Schell – die Wasserqualität hat sich entscheidend verbessert, und in der Sieg wird wieder gefischt. Das obere Stockwerk ist daher auch der Fauna der Siegmündung gewidmet, mit Nutria und Fischotter, Haubentaucher und Eisvogel sowie dem ganzen Reichtum der Wasserwelt: Lachs, Zander, Hecht, Karpfen, Aale und Forellen; Fische mit so poetischen Namen wie Karausche, Güster, Nase, Aland, Ukelei sind als Präparate und in Abbildungen ausgestellt, und als Einwanderer leistet ihnen die Wollhandkrabbe Gesellschaft. Nach wie vor ist die Bergheimer Bruderschaft im alleinigen Besitz der Fischereirechte. Einige Brüder fischen im Nebenerwerb heute wieder mit Netz und Reusen, und auch sonst hat die Bruderschaft ausreichend zu tun: Sie verkauft Angelkarten, kümmert sich um den Schutz der Fischbrut und pflegt Gewässer und Uferzonen, damit die Idylle an der Siegmündung noch lange erhalten bleibt.

→ ADRESSE/ANFAHRT

Fischereimuseum, Nachtigallenweg 97, 53844 Troisdorf-Bergheim
Geöffnet: 1. Sonntag im Monat 14.30–18 Uhr; Führungen nach Vereinbarung, Tel.: 0228-451342

21

PREUSSISCHER WEITBLICK

Der optische Telegraf in Köln-Flittard

Die romanische Kirche St. Pantaleon in der Kölner Innenstadt ist ein würdiges Baudenkmal. Niemand käme auf die Idee, das Dach des Westwerks mit einer Sendestation für Mobiltelefone zu krönen. Vor 170 Jahren hatten die Preußen keine derartigen Skrupel: St. Pantaleon war eine preußische Garnisonkirche und bekam 1833 den Mast eines optischen Telegrafen auf die Turmhaube gepflanzt, als 51. Station der Telegrafenlinie Berlin – Koblenz. Diese Fremdnutzung des Kirchendaches ist inzwischen Vergangenheit, so wie die ganze Telegrafenlinie mit ihren 62 Sendemasten. Nur eine einzige Station ist erhalten geblieben:

die Nummer 50 in Köln-Flittard, ca. neun Kilometer nördlich von St. Pantaleon.

Die Station wurde als dreigeschossiger Turm im klassizistischen Stil errichtet, mit einem Wohnhaus als Anbau; den Baugrund hatte der Freiherr von Fürstenberg kostenlos zur Verfügung gestellt. Auf dem flachen Dach des Turms ragt ein sieben Meter hoher Mast empor, an den drei bewegliche Flügelpaare montiert sind. Am unteren Ende führte er durch das Dach und mündete in die Turmstube: das Beobachtungszimmer und Arbeitsplatz des Ober- und des Untertelegrafisten. Mit Kurbeln und Seilzügen konnten sie hier die sechs Flügel bewegen und einstellen und per Teleskop die benachbarten Stationen im Auge halten.

Die optische Telegrafie ist ein sehr einfaches und sehr altes Kommunikationsmedium. Die Römer entzündeten zur Nachrichtenübermittlung Signalfeuer auf Bergkuppen, die Indianer entwickelten die Rauchzeichen, und aus der Seefahrt kennt man das Flaggenalphabet. Im 17. Jahrhundert begannen die ersten Experimente mit

Handkurbeln zum Bewegen der Telegrafenflügel

beweglichen Flügeln an Masten. Nach der französischen Revolution verfeinerten die Gebrüder Chappe das System, und schon bald war ganz Frankreich mit Telegrafenlinien durchzogen. Im 19. Jahrhundert griffen die Preußen die Erfindung auf, verbesserten sie in einigen Punkten und verbanden die Hauptstadt Berlin mit dem militärischen Oberkommando in Koblenz. Die erste Station war die Sternwarte in Berlin, von dort führte die 550 Kilometer lange Strecke in Abständen von neun bis fünfzehn Kilometern über preußisches Gebiet: Potsdam, Magdeburg, Köln usw. bis zur Festung Ehrenbreitstein und schließlich zum Endpunkt, dem Koblenzer Schloss. 1834 nahm die Linie die Arbeit auf: Jeden Morgen wurde als Erstes die Berliner Zeit durchgegeben, dann folgten in regelmäßigen Abständen die Nachrichten. In 45°- Schritten bewegt, konnten die sechs Flügel der Masten 4096 verschiedene Positionen einnehmen und auf diese Weise genau so viele Zeichen übermitteln. Während der eine Telegrafist mit dem Fernrohr die Stellung der Flügel auf der benachbarten Station ablas, stellte der zweite Mann sie am eigenen Mast dann ein. Die Signale wurden rein

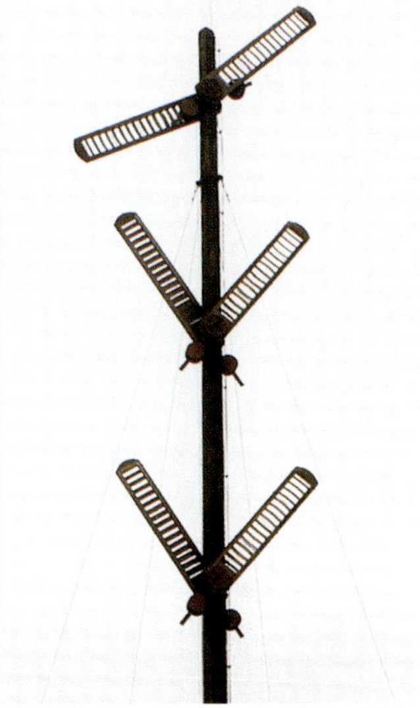

Mit den sechs Flügeln konnten 4096 verschiedene Zeichen übermittelt werden.

mechanisch bedient, was höchste Aufmerksamkeit erforderte: „Das Telegraphiren ist keineswegs ein so leichtes Geschäft, daß es von einem Jeden, der nur dazu abgerichtet wird, betrieben werden könnte ... Ein guter Telegraphen-Beamter muß ein Mann von gesundem Urtheil sein, dem Beobachtungsgeist nicht abgeht“, so steht es in einem Handbuch für Telegrafie.

Eine Depesche mit 30 Zeichen konnte innerhalb einer Stunde in Koblenz ankommen, längere Nachrichten waren zwölf bis dreizehn Stunden unterwegs.

Die Flügelstellungen für interne Dienstanweisungen waren in einem Wörterbuch aufgelistet, etwa das Zeichen für: ‚Nichts Neues' oder ‚Dein Zeichen ist undeutlich' oder ‚Die Depesche wird abgebrochen'. Die Inhalte der eigentlichen Meldungen jedoch waren verschlüsselt und konnten auch von den Telegrafisten nicht entziffert werden – das Militär hatte es schon immer mit der Geheimhaltung. Manchmal allerdings veröffentlichten die staatlichen Stellen aus politischen Gründen die Nachrichten. Während der Märzunruhen des Jahres 1848 ließ der Kölner Oberpräsident am 17. 3. folgende Meldung des optischen Telegrafen in die Kölnische Zeitung setzen: „An drei Abenden zog der Pöbel in Trupps durch die Straßen. Die Bürgerschaft wirkte beruhigend. Seit gestern ist alles ruhig und kein Zeichen der Erneuerung vorhanden." Ein Chronist der Zeitung kommentierte die Nachricht: „Man hatte bisher wohl zuweilen den Telegraphen hoch auf dem Turme seine langen Arme ausstrecken sehen, doch war seine Arbeit den Leuten ein Buch mit sieben Siegeln geblieben. So staunte man, als man das Extrablatt der Kölnischen Zeitung mit jener Depesche in Händen hielt. Man wunderte sich, wie schnell das Ding schreiben konnte, zwar auch, wie schlecht es seinen Aufsatz stilisiert hatte."

Nachts war natürlich Sendepause, ebenso bei schlechtem Wetter. Handelte es sich um sehr wichtige Mitteilungen, musste sich einer der Telegrafisten aufs Pferd schwingen und die Depesche als reitender Bote zur übernächsten Station weiterleiten. Doch abgesehen von der Revolution 1848 herrschte während der Zeit, als diese Nachrichtenleitung in Betrieb war, Frieden im Land, und der Alltag der Telegrafisten verlief vermutlich recht ruhig, auch wenn sie mehrmals pro Minute durchs Fernglas den nächsten Flügelmast beobachten mussten. In den unteren Räumen und im Anbau wohnten die Familien der Männer. Heizung und

→ ADRESSE/ANFAHRT

Optischer Telegraf Flittard, Egonstr. 152, 51061 Köln-Flittard
Terminvereinbarung:
Tel.: 0221-621200 bzw. 662388;
Fax 0221-6201692
Zu erreichen mit der S-Bahn Linie 6, Haltestelle „Köln-Stammheim", von dort Bus 152 Richtung Bayerwerk bis zur Haltestelle „Am Feldrain"

Licht wurden bezahlt, und hinter dem Haus lag ein großer Garten für Gemüse und Hühner.

Ende der 1840er Jahre machte der technische Fortschritt den optischen Telegrafen überflüssig. Unabhängig von Tageszeit und Wetterbedingungen morsten nun elektromagnetische Fernschreiber die Depeschen in Blitzgeschwindigkeit von Ort zu Ort. Die Linie zwischen Köln und Koblenz bestand noch bis 1852; im Jahre 1850 wurden auf dieser Strecke noch 177 optische Telegramme befördert, dann baute man die Masten auf den Kirchtürmen ab und überließ Stationen wie Flittard ihrem Schicksal. Der Turm verfiel, in letzter Minute konnte er noch vor dem Abriss gerettet werden. Heute ist die Station wieder bewohnt und als einzigartiges Denkmal der Technikgeschichte zu besichtigen, denn es existieren in ganz Europa neben Flittard nur noch zwei weitere optische Telegrafen. Den Mast mit den Flügeln haben Lehrlinge der Eisenbahnlehrwerkstatt nachgebaut, die Turmstube wurde vom jetzigen Pächter Peter Schallenberg restauriert und mit Unterstützung der Stadt nach zeitgenössischen Abbildungen

Handkurbel zum Bewegen der Telegrafenflügel

eingerichtet. Peter Schallenberg ist zwar kein Telegrafist, aber er führt Besucher nach Terminabsprache gerne in die Zeit zurück, als man von Flittard über die Felder bis nach St. Pantaleon blicken konnte.

22

DSCHUNGEL IM RUHRGEBIET

Der Skulpturenwald Rheinelbe in Gelsenkirchen

Es gibt eine ganze Reihe von prominenten Aussichtspunkten im Ruhrgebiet: der Gasometer in Oberhausen, das Dach der Kohlenwäsche auf der Zeche Zollverein, der Tetraeder in Bottrop. Kein Ort jedoch ist so geheimnisvoll, so bizarr, ja fast ein wenig unheimlich wie der Spiralberg auf dem ehemaligen Zechengelände Rheinelbe in Gelsenkirchen. Schon von weitem fällt die kahle, spiralförmig aufgeschüttete Halde ins Auge. Mit schwindender Entfernung werden Einzelheiten sichtbar: die ‚Himmelstreppe', eine lange Stiege, die von dem letzten Absatz bis zum Gipfel führt, zu einem aus gewaltigen Quadern gefügten Turm; es könnten auch die Reste eines Aztekentempels sein oder ein archaisches Heiligtum. Oben angelangt, kann der Blick bei gutem Wetter über das ganze Ruhrgebiet schweifen. Am Horizont zeichnen sich der Gasometer in Oberhausen und die Skyline von Essen ab, greifbar nahe erscheinen die Arena auf Schalke und der Förderturm der Zeche Zollverein. Und direkt zu Füßen des Berges breitet sich ein dichter Wald über das hügelige Gelände aus: der Dschungel der

Himmelstreppe (Herman Prigann)

Ruinenfeld (Herman Prigann)

Zeche Rheinelbe. Verschlungene schmale Pfade schlängeln sich durch das Gebüsch, vorbei an Ruinen und Skulpturen. Rechts und links des Weges balancieren Baumstämme tonnenschwere Betonplatten, wie Wächter am Tor zu einem verwunschenen Park; aus der Öffnung in einer Ziegelmauer dringt blaues Licht. Auf einer Lichtung liegen rohe Betonblöcke und behauene Steinquader. Eine Treppe, eingefasst von alten Kapitellen und Säulenstümpfen, lenkt die Schritte auf ein Plateau: zu einem von Pfählen abgegrenzten Opferplatz oder einer mythischen Kultstätte? Die Steine und Stämme sind mit Moos bewachsen und halb verwittert. Sie scheinen aus grauer Vorzeit zu stammen und wurden doch erst am Ende des letzten Jahrtausends hierher geschafft – von Herman Prigann, einem Künstler, der sich schon lange mit Kunst im Zusammenklang mit Natur beschäftigt. Hier hat er sich von der Geschichte des Areals inspirieren lassen; die Steine der Skulpturen sind durchweg Reste ehemaliger Zechengebäude. Prigann nennt seine Kunstwerke metamorph, das heißt, sie verändern ihre Gestalt. Ursprünglich dienten sie der Zierde und der Stabilität von Architektur, nun ha-

Im Skulpturenwald

ben sie sich in Kunstobjekte verwandelt, und irgendwann werden sie sich auflösen, denn hier im Skulpturenwald sollen sie eins werden mit der Natur: Sie können verwittern, überwuchert werden und schließlich zerfallen.

Den Auftrag für den Skulpturenwald Rheinelbe erhielt Prigann 1996 von der Internationalen Bauausstellung Emscherpark, als eines der vielen Projekte, die in den 1990er Jahren Zeichen für den Strukturwandel des Ruhrgebiets gesetzt haben.

Bis 1929 wurde auf Rheinelbe Kohle gefördert, aber noch nach der Stilllegung dienten die Abraumhalden auf dem Gelände als Deponien anderer Zechen; sie wurden zwischendurch zur Baustoffgewinnung abgetragen und wieder neu aufgeschüttet, und so ist auf diese Weise hier eine stark zerklüftete, hügelige Brachlandschaft gewachsen. Für die Anwohner war das Gebiet ge-

→ ADRESSE/ANFAHRT

Skulpturenwald Rheinelbe, Gelsenkirchen-Ückendorf; Zugang über Leithestraße, 45886 Gelsenkirchen (Parkplatz)
Vom Hauptbahnhof Gelsenkirchen fährt man mit der Straßenbahn 302 bis Haltestelle „Wissenschaftspark" oder mit dem Bus 389 bis Haltestelle „Virchowstraße".
Weitere Informationen: Forststation Rheinelbe, Tel.: 0209-1474844

sperrt; nach und nach hat sich die Natur den Boden zurückerobert, und schließlich hat die Internationale Bauausstellung Emscherpark IBA in den 90er Jahren den Bezirk als Musterbeispiel für den Umgang mit den Stiefkindern der Industrialisierung, den Halden, ausgewiesen. Heute streift ein Revierförster durch den Wald und beobachtet Wachstum und Veränderung der einstigen Brachen. Für die Begrünung sorgen allein der Wind, der die Samen verteilt, und die Vögel, allen voran der Eichelhäher. Hier wird nichts künstlich gesetzt, nichts gerodet, nur ein Hang, der sonst abrutschen könnte, wurde von Menschenhand bepflanzt. Die Natur nutzt ihre Chance. An manchen Stellen ist der Wald dicht und undurchdringlich mit Efeu und Knöterich zugewuchert; dazwischen liegen immer wüstenartige Abschnitte aus rotem, gebrannten Erdreich. Im Spätsommer blüht am Rand von schlammigen Trampelfaden das violette Zierliche Tausendgüldenkraut, eine sehr seltene Pflanze. Wo noch kein Wald gewachsen ist, geben Schmalblättriges Greiskraut, Riesengoldrute, gelber Steinklee und Königskerzen den Brachen einen goldenen Anstrich. In einigen Jahren werden sich auch hier Büsche durchsetzen, werden Birken und Holunder den kahlen Spiralberg erobert haben. Dort, wo der Mensch durch Bergbau und Industrialisierung der Umwelt den größten Schaden zugefügt hat, wachsen heute die Wunden zu, entfaltet die Schönheit der Natur ihre ganze Kraft.

„Schieber“ (Herman Prigann)

23

GUTE REISE

Auf Römerstraßen zum Matronentempel bei Nettersheim

Zwischen Nettersheim und Marmagen trägt ein Hügel die Flurbezeichnung „Görresburg“; vielleicht haben die Eifelbauern vergangener Jahrhunderte die Mauerreste auf dem Berg für eine Burgruine gehalten. Die Wahrheit kam durch Untersuchungen der Archäologen zu Beginn des 20. Jahrhunderts ans Licht: Die Fundamente sind Teil eines römischen Tempelbezirks mit drei einzelnen Gebäuden, gemauert aus Bruchsteinen und Ziegelsplit. Die Tempel muss man sich als einfache, annähernd quadratische Bauten mit Ziegeldach

vorstellen. Heute sind nur noch die Wände bis zu einer Höhe von etwa anderthalb Metern erhalten. Bei den Grabungen wurden auch zahlreiche Weihesteine mit römischen Inschriften geborgen – und Steine mit der plastischen Darstellung dreier würdig dasitzender Damen, jede mit einer turbanartigen Haube bekrönt. Es sind die „matronae aufaniae“, ursprünglich keltische mütterliche Gottheiten, die die Römer in ihren Götterhimmel integriert haben, und die – immer im Dreierpack – im Rheinland besondere Verehrung genossen. Die Bedeutung des Beinamens „aufaniae“ ist bislang ungeklärt.

Der Matronentempel auf der Görresburg wird in das 2. Jahrhundert datiert und wurde wahrscheinlich bis zum Anfang des 5. Jahrhunderts besucht. Heute ist er ein Wallfahrtsort für Frauengruppen auf der Suche nach den spirituellen Kräften von Mutter Erde; sie legen den steinernen Damen Opfergaben in den Schoß: Äpfel, Bonbons, kleine Münzen. Und es stört sie auch nicht, dass die Steine nur Abgüsse der Originale sind, die geschützt im Museum lagern.

Weihesteine vor dem Matronentempel auf der Görresburg

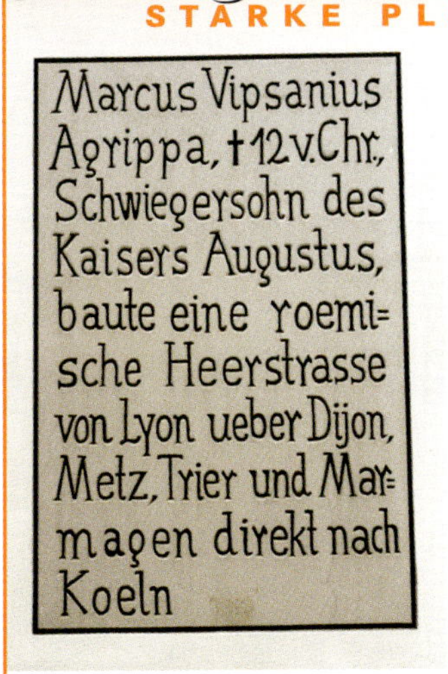

Inschrift an der alten Schule in Marmagen

Die Frauen werden von der erdhaften, geballten Kraft der Matronen angezogen, von dem Anschein der Solidarität und Einigkeit, den diese Dreiheit ausstrahlt. In römischer Zeit hingegen war die Verehrung der Matronen eher eine männliche Angelegenheit. „Den aufanischen Matronen hat Marcus Petronius Patroclus, Straßenpolizist im Stab des Statthalters und zum zweitenmal auf Posten, gern und dankbar sein Gelübde erfüllt“, lautet die lateinische Inschrift eines Steines in der Übersetzung. Und auch die beiden anderen Steine sind als Dankopfer und Votivgaben von Straßenpolizisten beschriftet. Ein

2000 JAHRE MARMAGEN

Ausschnitt aus der Tabula Peutingeriana an der alten Schule in Marmagen

Straßenpolizist, lateinisch „beneficiarius", erfüllte im römischen Reich praktisch dieselbe Aufgabe wie heute die Autobahnpolizei. Entlang des gesamten römischen Fernstraßennetzes sorgten Beneficiarier-Stationen – man könnte sie auch Autobahnmeistereien nennen – für die Pflege der Wege und für Ordnung und Sicherheit.

In römischer Zeit verlief unweit der Görresburg die Fernstraße Köln – Trier und tangierte Marmagen, das damals „Marcomagus" hieß. Diesen Namen findet man auf den römischen Straßenkarten vermerkt, zum Beispiel auf der so genannten Tabula Peutingeriana, benannt nach dem Augsburger Humanisten Konrad Peutinger. Er besaß die mittelalterliche Kopie einer Straßenkarte des römischen Reiches vom Hadrianswall bis nach Kleinasien, die vermutlich im 3./4. Jahrhundert angefertigt wurde und leider verloren ist. Peutingers Karte, auf Pergament gezeichnet, ist immerhin 6,82 Meter lang und 34 Zentimeter hoch; sie wird heute in Wien aufbewahrt. Der Straßenplan nennt die Orte des römischen Weltreichs und gibt die Entfernungen in Leugen an: eine wichtige Hilfe bei der Reisevorbereitung, auch wenn der

Straßenverlauf nur sehr vage skizziert ist. Zum 2000-jährigen Geburtstag von Marmagen im Jahr 1988 wurde ein vergrößerter Ausschnitt der Karte auf die Wand der ehemaligen Schule gemalt. „Marcomagus“ kann man lesen, darüber „Bonna“, also Bonn, weiter links „Agrippina“, Köln.

Von der römischen Ortschaft marcomagus existieren allerdings keine Spuren mehr; vielleicht lag sie in unmittelbarer Nähe des Matronentempels.

Viel besser ist es um den Nachweis des römischen Fernstraßennetzes bestellt. Südlich von Marmagen liefen gleich mehrere Wege, aus Köln, Wesseling und Bonn kommend, zu einem Strang zusammen und führten weiter in die Kaiserstadt Trier.

Unsere Vorstellungen von römischen Straßen werden von der italienischen Via Appia geprägt; Römerstraßen sind demnach immer schnurgerade, breit und gepflastert. Im Rheinland und in der Eifel sind die Wege allerdings nur gerade, wenn das Gelände es zulässt, also in der Zülpicher Börde. In den Bergen passen sie sich der Topografie an, das heißt, sie führen möglichst nicht durch feuchte Täler und versuchen allzu große Steigungen und Gefälle durch Serpentinen und Kurven zu vermeiden. Auch sind sie nicht gepflastert, aber doch meistens nach allen Regeln der Kunst angelegt: sechs Meter breit, mit einer 50 Zentimeter starken Befestigung aus Steinen und Schotter und einer 50 Zentimeter

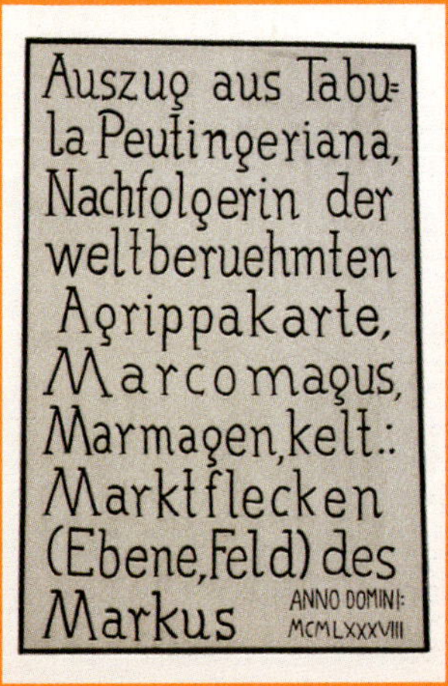

Marcomagus ist die Latinisierung des keltischen Namens Maromagus. Deswegen gilt Marmagen auch als älteste namentlich bekannte Siedlung in Nordrhein-Westfalen. Aus Marmagen stammten auch die Vorfahren des Ingenieurs Gustav Eiffel. Sie hießen ursprünglich Bönickhausen, wurden aber nach ihrer Auswanderung in Frankreich nach ihrer Heimat benannt.

dicken, leicht gewölbten Fahrbahndecke sowie Straßengräben rechts und links.

Manchmal folgt eine moderne Bundesstraße auch heute noch der antiken Trasse, beispielsweise die B 51 bei Blankenheim. Doch viele Abschnitte sind im Mittelalter verschwunden, weil der Verkehr nicht mehr so stark war; nur manchmal verrät eine Wölbung oder ein Hohlweg im Wald noch den historischen Verlauf.

Auf den Straßen unterwegs waren das Militär, Boten und Händler. Schwertransporte jedoch nicht, sie wurden möglichst über Flüsse verschifft. Die Reisenden konnten auch in der wilden, einsamen Eifel mit einer guten Infrastruktur rechnen: Meilensteine und Wegweiser halfen bei der Orientierung, in den auf der Tabula Peutingeriana genannten Orten warteten Gasthäuser auf den müden Fahrensmann. In diesen Ortschaften konnten sie in Tempeln auch für einen sicheren Weg beten und opfern, sich an Verkaufsständen mit Reiseproviant eindecken – und am nächsten Tag mit einem sicheren Gefühl wieder aufbrechen, denn auf die Beneficiarier war Verlass, schließlich waren sie römische Staatsbeamte. Die Reisenden zogen weiter, in die glänzenden Metropolen, nach Trier, Bonn oder Köln; nur die Polizisten mussten in der Eifel-Einsamkeit auf ihrem langweiligen Posten verweilen und träumten von wärmeren Gegenden des römischen Reiches. Vielleicht sind die Matronensteine vor dem Tempel Opfergaben für lang herbeigesehnte Versetzungen, denn nicht nur Marcus Petronius Patroclus, auch seine Kollegen bekennen in den Inschriften ihre Dankbarkeit: „Den Aufanischen Göttinnen für das Wohlergehen des unbesiegten Antoninus Augustus. Marcus Agrippinus, Straßenpolizist im Stab des Statthalters, hat das Gelübde gerne und dankbar erfüllt."

ADRESSE/ANFAHRT

Der Matronentempel auf der Görresburg liegt westlich der Bahnlinie Köln – Trier südlich des Ortes Nettersheim. Zu erreichen über die A 1, Ausfahrt Nettesheim, Richtung Nettersheim und weiter die L205 Richtung Marmagen. Parkmöglichkeit am Fuß des Hügels. Vom Bahnhof Nettersheim sind es ca. 10 Minuten Fußweg dorthin.
Den Ausschnitt der „Tabula Peutingeriana" findet man an der seitlichen Wand der alten Dorfschule in 53947 Nettersheim-Marmagen, Ecke Kölner Straße/Eiffelplatz.

24

KUNST IN DER GEFANGEN-SCHAFT

Die französische Kapelle in Soest

Das Gelände der Colonel BEM Adam Kaserne in Soest gibt sich wenig einladend: Am Tor wacht ein Turm über vier graue Mannschaftshäuser, Nebengebäude und asphaltierte Flächen – ein Ort, an den niemand freiwillig gekommen ist und an dem niemand eine in kräftigen, fröhlichen Farben künstlerisch ausgestaltete Kapelle vermutet.

Die Kaserne wurde 1938 im Zuge der verstärkten Aufrüstung der Nazis gebaut und war noch nicht fertig, als nach Kriegsbeginn die ersten Kriegsgefangenen eintrafen; nach dem Überfall auf Frankreich 1940 kamen ausschließlich französische Offiziere nach Soest, und der Kasernenkomplex erhielt den Namen Oflag VI A, das heißt: Erstes Kriegsgefangenenlager für Offiziere im Wehrkreis VI. Nach dem Krieg fanden Heimatvertriebene aus dem Osten hier eine erste Bleibe, und von 1951–1994 war hier belgisches Militär stationiert, die Kaserne wurde nach Colonel BEM Adam benannt.

Ausschnitt aus der Frankreichkarte von René Coulon

Darstellung des auferstandenen Christus und der gefangenen Heiligen (Guillaume Gillet)

Der Komplex war für 800 Soldaten geplant worden. Während des Krieges mussten sich 1500, manchmal sogar 2500 Gefangene die Räume teilen; die Ernährung der Franzosen war mangelhaft, ständige Kontrolle und Zensur an der Tagesordnung. Und doch hatten die Männer als Offiziere gewisse Privilegien: Nach der Genfer Konvention durften sie nicht zur Arbeit gezwungen und auch nicht in der Ausübung ihrer Religion behindert werden. Viele Offiziere kamen aus der französischen Oberschicht, und so waren es Akademiker, Intellektuelle und Künstler, die hier ihren Lageralltag organisieren und die im Übermaß vorhandene Freizeit füllen mussten. Eine der zentralen Gestalten, die über fünf Jahre in dieser Kaserne festgehalten wurde, war der Maler und Architekt Guillaume Gillet. Er hat die Zeit genutzt und das Oflag in Soest in ein außergewöhnliches Kulturzentrum verwandelt, mit eigenem Theater, einem Orchester und einer Laguniversität, an der außer ihm selbst 100 weitere gefangene Professoren gelehrt haben. Hier traf Gillet auch seinen Freund, den Maler René Coulon, wieder, und zusammen haben sie die Kapelle der Kaserne – ursprünglich eine kleine Dachmansarde von 7,5 x 6 Metern – ausgemalt.

Unter den Offizieren waren etliche Priester, die sich um das Seelenheil der Gefangenen kümmerten und den Gottesdienst gestalteten, in den Mannschaftsstuben, in der Kantine, im Freien – und auch in dem kleinen kargen Raum unterm Dach, den die Lagerleitung für diesen Zweck freigegeben hat. Der Priester René Vielliard half den beiden Künstlern, ein Bildprogramm zu entwerfen; ein Soester, der in der Schreibstube arbeitete und gute Verbindungen zu einem Malergeschäft hatte, besorgte die Farben. Schon bald war die ärmliche Dachstube nicht mehr wieder zu erkennen: Die Hauptwand hinter dem Altar zeigt in der Mitte den auferstandenen Christus mit den Wundmalen und einem leuchtend roten Umhang über den Schultern; es ist der Mantel, mit dem Christus nach seiner Gefangennahme als König der Juden verspottet wurde. An seinen Seiten halten sechs Engel die Marterwerkzeuge, und auf Spruchbändern ist in lateinischer Sprache zu lesen: „Ich war gefangen, und ihr seid zu mir gekommen“, sowie das Stoßgebet: „Herr, befreie uns von Pest, Hungersnot und Krieg.“ Die restliche Fläche dieser Wand füllen die Bilder von Heiligen und Märtyrern in der Gefangenschaft: der heilige Petrus, Schutzpatron der Kapelle, Paulus, die heilige Blandine, der heilige Dionysius, Johannes der Täufer, die Jungfrau von Orléans und andere.

Auf der gegenüberliegenden Wand reichte der Platz für die Darstellung Gottvaters mit der Taube des Heiligen Geistes und einer Pietà – eine knappe Zusammenfassung der Heilsbotschaft: gestorben, begraben und wieder auferstanden.

Unter der Dachschräge hat Guillaume Gillet sechs der sieben Werke der Barmherzigkeit malerisch ausgedeutet: Bauern auf dem Feld, die den Hungrigen das Brot liefern; Winzer, die den Wein keltern; ein Feld weiter wird ein Haus gedeckt; die heilige Familie auf der Flucht steht für: „Ich war auf Reisen, und ihr habt mich aufgenommen“; Krankenpflege, Gefangenenbesuch ergänzen die Reihe.

Karikaturhafte Darstellung des Lagerlebens von Louis Morel-Fatio

St. Denis und St. Jean-Baptiste in Gefangenschaft

Als siebtes Werk der Barmherzigkeit, das Begraben der Toten, kann die Darstellung auf einem Querbalken gedeutet werden. Dort hat René Coulon seinen gefallenen Schwager gemalt und damit stellvertretend allen toten Kameraden ein Denkmal gesetzt. Auch die vierte Wand trägt die Handschrift Coulons, wie auf den anderen Wänden dominieren hier die französischen Farben Rot und Blau. Der Maler hat sich auch selber abgebildet: Gemeinsam mit seinem Kollegen Guillaume Gillet und dem Priester René Vielliard kniet er nach dem Vorbild mittelalterlicher Stifterfiguren am Bildrand und blickt auf eine große Frankreichkarte. Die großen Flüsse schlängeln sich durch das mit Blumen bedeckte Land, aber an die Stelle von Städten hat Coulon die jeweiligen lokalen und nationalen Heiligen und ihre Attribute gemalt: Paris wird durch St. Denis, Ste. Geneviève und St. Louis repräsentiert, der Mont St. Michel durch den heiligen Michael; in Reims tauft der heilige Remigius König Chlodwig, in Tours teilt der heilige Martin den Mantel, in Orléans brennt Jeanne d'Arc auf dem Scheiterhaufen. Dazwischen sind die Produkte Frankreichs gesetzt, von denen die Gefangenen in Soest nur träumen konnten: das Olivenöl der Provence, der Bordeauxwein, der Likör aus der Chartreuse. Die ganze Wand wirkt wie ein gestickter Bildteppich und passt sehr gut zu den Bildergeschichten Guillaume Gillets.

Mit den klaren, leuchtenden Farben und der eindrücklichen Gestaltung der Szenen und Figuren wurde die kleine Dachstube nicht nur für die gläubigen Insassen zu einem Ort der Ruhe und der Erholung vom deprimierenden Lagerleben. Der Oberleutnant Louis Morel-Fatio hat die Bedeutung des Raumes für die Kriegsgefangenen beschrieben: „Dieses dahinschleichende Exil ist zeitweise zu schwer. Wenn er an Gott glaubt oder an ihn glauben möchte, dann weiß der Gefangene, wo er Trost suchen und die Gegenwart seines heimatlichen Himmels fühlen kann. Sie kommen hierher als Verbannte; sie wissen, dass sie der Einsamkeit dieses Lagers einen Augenblick entweichen können, dank diesem kleinen Gebetsraum, wo sie durch den Rahmen, durch die Atmosphäre und durch die Gemeinschaft der Gebete das christliche Frankreich, das immerwährende Frankreich wieder finden."

Die beiden Schöpfer dieses Raums konnten nach dem Ende der Gefangenschaft ihre künstlerische Laufbahn in der Heimat fortsetzen, vor allem Guillaume Gillet wurde als Architekt berühmt und geehrt. Über ihre Zeit im Lager aber haben die zwei Männer nie gesprochen, haben nie etwas von ihrer künstlerischen Arbeit erzählt. Auch in Soest geriet die Kapelle in Vergessenheit. Erst nach dem Abzug der Belgier in den 1990er Jahren war es möglich, die Gebäude und die Dachstube zu besichtigen. Inzwischen hat eine Geschichtswerkstatt die Historie des Lagers dokumentiert, das Schicksal der Lagerinsassen verfolgt und Kontakte zu ehemaligen Gefangenen und ihren Familien geknüpft. Heute kennen auch die Angehörigen von René Coulon und Guillaume Gillet die französische Kapelle in Soest. Die beiden Maler selber haben die Wiedereröffnung jedoch nicht mehr erlebt, sie sind 1997 und 1987 gestorben.

ADRESSE/ANFAHRT

Französische Kapelle des Oflag VI A in der Colonel BEM Adam Kaserne,
Meiningser Weg 20, 59494 Soest, Tel.: 02921-51264
E-Mail: Geschichtswerkstatt.franz.Kap@gmx.de,
Internet: www.ns-gedenkstaetten.de/nrw/de/soest/
Öffnungszeiten und Führungen: jeden 3. Sa im Monat 11 Uhr und am darauf folgenden Sonntag um 14 Uhr (Treffpunkt: Kasernentor Meiningser Weg) und auf Anfrage.
Anfahrt: A 44 Abfahrt Soest/Möhnesee Richtung Soest, an der 1. Ampel links, an der 2. Ampel rechts in den Meiningser Weg abbiegen. Vom Hauptbahnhof Soest mit dem Bus Linie 646 bis zur Haltestelle „Märkische Straße".

25

EIN HARTES BETT FÜR DIE EWIGKEIT

Die Sloopsteene bei Lotte-Wersen

Sloopsteene bedeutet im Dialekt des Osnabrücker Landes nichts anderes als ‚Schlafsteine', und das trifft schon recht genau die Bedeutung der über 50 mächtigen Steinblöcke, die zwischen Wersen und Westerkappeln auf einer kleinen Anhöhe im Wald liegen. Eine andere volkstümliche Bezeichnung lautet Hünengrab, und damit kommen wir der Erklärung noch einen Schritt näher. Bei den 50 Steinblöcken handelt es sich um Überreste einer großen Grabanlage, eines Megalithgrabes. Überreste solch gewaltiger Bestattungsplätze haben sich an vielen Orten in ganz Europa erhalten, allein in Westfalen können 200 Megalithgräber nachgewiesen werden; die Sloopsteene gelten als das größte und am besten erhaltene Hünengrab im Nordwesten Deutschlands. Allerdings haben keine Riesen oder Hünen die Granitsteine herbeigeschafft, sondern Menschen des Neolithikums, der jüngeren Steinzeit vor 5000 Jahren. Der Grundriss des Großgrabes ist noch recht gut zu erkennen: 22 Steine, die ca. 1,5 Meter aus dem Boden ragen, bilden die Seitenwände des Grabes, elf größere Blöcke decken die Grabkammer ab, einige von ihnen sind allerdings im Lauf der Zeit heruntergerutscht. Die Lücken zwischen den Steinen waren einst mit Geröll und Erde gefüllt, und die ganze Steinsetzung mit Erde bedeckt: Das Grab hatte die Form eines etwa 23,5 Meter langen und 7,5 Meter breiten ovalen Hügels. Von der Längsseite aus führte ein kurzer Gang in die Grabkammer. Bei den Steinen handelt es sich um Felsblöcke, die die Gletscher der Eiszeit, von Skandinavien kommend, mitgeschoben und rundgeschliffen haben. Überall in der norddeutschen Tiefebene tauchen solche Findlinge auf. Man konnte sich lange nicht erklären, auf welche Weise die Menschen die tonnenschweren Blöcke damals zusammensuchen, herbeitransportieren und zu solch einer mächtigen Grabanlage auftürmen konnten. Inzwischen haben Archäologen experimentell nachgewiesen, dass es einer sehr großen Zahl kräftiger Männer mit Hilfe von Schlitten, Rollen und Hebeln durchaus möglich ist, die Felsen zu bewegen. Das klingt banal, wirft aber ein helles Licht auf das Sozialgefüge der steinzeitlichen Siedler. Es muss Dörfer mit einer nennenswerten Zahl von Bewohnern gegeben haben. Oder: Mehrere Dörfer haben diese Aufgabe gemeinsam organisiert und durchgeführt. Das Grab in Lotte-Wersen wurde schon im 19. Jahrhundert ausgeraubt, man hat weder Knochen noch Grabbeigaben gefunden. Aber andere vergleichbare Begräbnisplätze zeichnen ein recht gutes Bild vom Totenglauben in der Steinzeit: In dem mächtigen Kammergrab fanden ganze Personengruppen, möglicherweise sogar mehrere Generationen ihre letzte Ruhe. Sie bekamen Waffen, Schmuck, Amulette und Speisen in verzierten Tongefäßen mit auf den letzten Weg. Die solide, im wahrsten Sinne des Wortes für die Ewigkeit errichtete letzte Ruhestätte spricht für einen ausgeprägten Glauben an ein Weiterleben im Jenseits, und ein solch herausragendes Grab war nicht nur besonders hochgestellten Persönlichkeiten, Stammesfürsten oder Häuptlingen vorbehalten. Die Erbauer des Grabes waren sesshaft, bestellten das Feld und züchteten Vieh. Von anderen Orten weiß man, dass das Grab oft in Sichtweite des Dorfes angelegt worden ist, sodass die Angehörigen mit ihren Toten in Kontakt bleiben konnten. Es gibt sogar Vermutungen, dass die vom Fleisch befreiten Skelette noch eine Weile in den Familien aufgehoben wurden, ehe sie unter die Erde kamen. Dafür gibt es aber hier bei den Sloopsteenen keinerlei Hinweise. Und auch von einer steinzeitlichen Siedlung haben sich bislang keine Spuren gefunden. Hier liegen nur 50 riesige Steine im Wald.

→ ADRESSE/ ANFAHRT

Sloopsteene Lotte-Wersen, Kreis Steinfurt. Das Hünengrab liegt im Wald nördlich der Westerkappelner Straße zwischen Wersen und Westerkappeln; die Zufahrtsstraße ist ausgeschildert.
Zu erreichen über A 1, Ausfahrt Osnabrück-Hafen, Richtung Westerkappeln.

26

„MAN NEHME ...“

Die Herdstelle der Henriette Davidis in Wetter-Wengern

Küchenzubehör im Henriette Davidis-Museum

Stellen Sie sich vor, Sie müssten folgendes Rezept nachkochen:

„Man nehme einen Wildschweinkopf, schicke den Kopf zum Schmied, um ihn mit glühenden Eisen gehörig absengen zu lassen, wäscht ihn rein und lässt ihn eine Nacht ganz in Wasser liegen, damit der durch das Sengen hervorgebrachte Geruch sich verliere ...“ Oder ein Menü, das mit klarer Schildkrötensuppe beginnt und nach Steinbutt, Schinken in Burgunder und gebratenen Rebhühnern mit Pudding, Zitroneneis und Kuchen endet. Eine solche Speisefolge ließe sich wohl nur in einer gut ausgestatteten Profiküche zubereiten. Henriette Davidis jedoch, die berühmte Kochbuchschreiberin des 19. Jahrhunderts, soll solch komplizierte Gerichte auf jener eisernen Herdstelle gekocht haben, die heute in Wetter-Wengern in die Eisenbahnunterführung eingemauert steht. Mit Blumen und Pflanzen geschmückt, hält sie als Gedenkplatte die Erinnerung

Henriette Davidis
* 1.3.1807
† 3.4.1876
Auf diesem Herd, an dieser
Stelle im Pfarrerwitwenhaus
hat einst die Verfasserin
des berühmten Kochbuches
ihre Rezepte erprobt.

an diese tüchtige Frau wach, denn genau dort hat bis zum Bau der Eisenbahnlinie Witten-Schwelm ihr elterliches Pfarrhaus gestanden.

Aber weil Henriette Davidis immer gefordert hat: „Correctheit ist doch in jeder Art sehr zu erwünschen“, muss hier eingeräumt werden, dass es sich dabei nicht um den Originalherd handelt; die bekannte Köchin hat ihre Rezepte in der Henriette-Davidis-Versuchsküche in Sprockhövel ausprobiert – und zwar an einem fortschrittlichen Sparherd des 19. Jahrhunderts, auf dem mehrere Gerichte gleichzeitig gegart werden konnten.

Henriette Davidis wurde am 1. März 1800 in Wengern geboren. Sie hätte gerne geheiratet; zweimal war sie verlobt, beide Verlobte sind früh verstorben. In Elberfeld ließ sie sich zur Erzieherin ausbilden und übernahm 1841 die Leitung einer Mädchenarbeitsschule in Sprockhövel. Die Unterweisung junger Frauen in Hauswirtschaft und Kochen gehörte also zu ihrer täglichen Arbeit, und daraus entstand die Idee, alle ihre im Lauf der Jahre

Die Herdplatte an der Eisenbahnunterführung und Blick ins Museum

Porträt Henriette Davidis

notierten Rezepte zu sammeln und aufzuschreiben. Anregungen und Menüvorschläge von Freunden und Fremden wurden ausprobiert und verfeinert, und im Jahr 1845 erschien schließlich ihr erstes Kochbuch mit dem endlosen Titel: „Zuverlässige und selbstgeprüfte Recepte der gewöhnlichen und feineren Küche. Practische Anweisung zur Bereitung von verschiedenartigen Speisen, kalten und warmen Getränken ... usw. usw. ..., bearbeitet von Henriette Davidis.“ Das Buch verkaufte sich sofort blendend, schon nach einem halben Jahr kam die zweite Auflage auf den Markt. Und es folgte Auflage auf Auflage. Jede wurde von Henriette überarbeitet und verbessert, und bald bekam das Buch den einprägsa-

Küchengeräte aus dem 19. Jahrhundert

→ ADRESSE/ANFAHRT

Herdstelle: 58300 Wettern-Wengern, Henriette-Davidis-Weg oberhalb des ev. Kindergartens, in die Eisenbahnunterführung eingemauert.
Von Witten Hauptbahnhof oder Wetter Bahnhof mit Bus-Linien SB 38, 591 bis „Elbscheweg", dann 10 Minuten Fußweg

meren Titel: „Practisches Kochbuch für die gewöhnliche und feinere Küche." Rezeptsammlungen und Kochbücher hat es schon zuvor gegeben, und auch die berühmte Formel „Man nehme ..." hat Davidis nicht geprägt, aber durch den Erfolg ihrer Bücher wurde sie zum geflügelten Wort.

In ihren späten Jahren hat Henriette Davidis sich ganz ihrer schriftlichen Arbeit gewidmet und konnte davon gut leben. Als sie im April 1876 starb, war ihre Rezeptsammlung längst zum Volksbuch geworden, das in keinem Haushalt fehlen durfte. Denn dieser Kochbuchklassiker hatte mehr zu bieten als Rezepte für feine Speisen und sparsame Gerichte: Er war ein Leitfaden für die Hausfrau, mit guten Ratschlägen für den Einkauf der Lebensmittel und für die Ausstattung der Küche – und mehr noch: Er vermittelte ein Ordnungskonzept für das weibliche Leben. In der bürgerlichen Gesellschaft des 19. Jahrhunderts hatte die Frau nun mal ihren Platz am Herd, aber ein perfekt geführtes Haus brachte ihr Respekt und Anerkennung.

Die Tugenden hießen Sparsamkeit, Sauberkeit und Ordnung. Weiter legte die altgediente Lehrerin ihren Leserinnen auch die christliche Erziehung der Kinder ans Herz – und das rechte Verhalten gegenüber dem Ehegatten: „Die junge Hausfrau sei gleich am Morgen frisch gewaschen, ordentlich und nett gekleidet. Niemals erscheine sie ihrem Manne anders. Der gute Eindruck am Morgen wird ihn in sein Tagewerk begleiten, gleich wie der Anblick einer unreinlichen und unordentlichen Hausfrau am Morgen für ihn das Bild des ganzen Tages sein wird.“

Inzwischen hat der Lauf der Zeiten Henriette Davidis Hausfrauentugenden ebenso an die Seite geschoben wie ihre oft sehr fettigen und cholesterinhaltigen Gerichte. Aber eine Regel sollte man doch beherzigen, sie gilt am Profiherd genauso wie am Campingkocher: „Die erste Regel, um wohlschmeckend und fein zu kochen, ist große Reinlichkeit, welche ich allen jungen Anfängerinnen freundlich empfehle. Es besteht diese in gründlicher Sauberkeit der Hände, der Küche, der sämtlichen Küchengeräte, der Anrichten und Tische, sowie auch im tüchtigen Waschen und Spülen der Gemüse.“

Nützliche Helfer

Nicht weit entfernt von der eingemauerten Herdstelle bietet das Henriette Davidis-Museum einen Einblick in die Welt der berühmten Köchin, mit einer vollständig ausgestatteten Küche des 19. Jahrhunderts, Nähstube, Vorratskammer, Kinderküche. Außerdem besitzt das Museum die Auflagen der Kochbücher von 1844 bis 1960.

Henriette Davidis-Museum, Libornistr. 7, 58300 Wetter-Wengern. Geöffnet: jeden 1. So im Monat von 15–18 Uhr und nach Absprache, Tel.: 02335-61116. E-Mail: info@henriette-davidis-museum.de

27

DIE STIMSON MEMORIAL CHAPEL

Klein-Amerika am Rhein

Am Anfang der Kennedy-Allee in Bonn-Plittersdorf empfängt das etwas zu klein geratene Standbild des ermordeten Präsidenten die Menschen, die aus der Straßenbahn steigen. Von hier aus gelangt man zum Steubenring, zur Martin-Luther-King-Straße – gelangt man nach „Klein-Amerika", ins ehemalige Viertel der amerikanischen Botschaftsangestellten. Im Jahr 1949 war Bonn zur provisorischen Hauptstadt erklärt worden. Alle Botschafter – oder Kommissare, wie sie damals genannt wurden – mussten hierher umziehen, natürlich auch

der ‚High Commissioner of Germany'. Für 800.000 Dollar wurde in Plittersdorf ein großes Areal von Obstgärten in Rheinnähe gekauft, wo 441 großzügige Wohnungen entstanden, ein Klub, Sportstätten, Supermarkt, Kindergarten und Schwimmbad, kurz: ein für damalige Verhältnisse modernes, komfortables goldenes Ghetto für das Botschaftspersonal. Eine Kirche durfte da natürlich auch nicht fehlen; im Juni 1952 wurde in Anwesenheit des Hohen Kommissars John McCloy die Stimson Memorial Chapel eingeweiht.

Der Bau sieht aus wie eine typisch amerikanische Kirche aus der Kolonialzeit, so, als wäre sie direkt aus Neu-England an den Rhein versetzt worden: Auf vier weißen Säulen ruht ein weiß gestrichener Dreiecksgiebel; hinter diesem an einen griechischen Tempel erinnernden Portikus betritt man die eigentliche Kirche, einen einfachen längsrechteckigen Saal, innen schlicht weiß getüncht, von außen mit roten Backsteinen verkleidet. Ein doppelstöckiges Türmchen mit hohem spitzen Turmhelm überragt die Kirche.

Westfassade der Stimson Memorial Chapel

Erinnerungsplakette an die Übergabe der Kapelle an die Stadt Bonn 1999

Wie bei den amerikanischen Vorbildern sind auch hier Portikus und Turmhelm aus Holz gebaut.

An den Namensgeber der Kirche Henry L. Stimson erinnert eine Bronzebüste im Eingang. Stimson war während des Zweiten Weltkriegs als Kriegsminister verantwortlich für die Zivilverwaltung der Armee. Bereits 1944 hatte Präsident Roosevelt einen Kabinettsausschuss zusammengerufen, um die Zukunft Deutschlands nach dem Krieg zu klären. Henry L. Stimson plädierte dafür, das Industriepotential zu erhalten. Morgenthau argumentierte dagegen, seiner Ansicht nach sollten alle Industriebetriebe abgebaut

Wohnhäuser aus den 1950er Jahren in „Klein-Amerika" in Bonn

und Deutschland zu einem reinen Agrarstaat werden. Nach Roosevelts Tod im April 1945 bekam die Presse Wind von dem Morgenthau-Plan und kritisierte ihn heftig. Darüber hinaus sprach auch der Beginn des Kalten Krieges für Stimsons Vorschlag, der nun favorisiert wurde und als Vorläufer des Marshallplans gelten kann. So gesehen ist Henry L. Stimson der Vater des deutschen Wirtschaftswunders, und als Träger seines Namens wurde die Kirche zum Symbol der deutsch-amerikanischen Freundschaft und zum Zentrum der evangelischen, katholischen und in den ersten Jahren auch der jüdischen Gemeinde.

Das Botschaftspersonal war in „Klein-Amerika" also mit allem versorgt, was zum Lebensstandard gehörte, und die jungen Bonner kamen gerne nach Plittersdorf, um die amerikanischen Straßenkreuzer zu bewundern.

→ ADRESSE/ANFAHRT

Adresse und Anfahrt:
Kennedy-Allee/ Ecke Turmstraße, 53175 Bonn. Die Kennedy-Allee zweigt in Höhe der U-Bahn-Haltestelle „Hochkreuz/Deutsches Museum" von der B 9 ab; geradeaus fahren fast bis zum Rhein.
Zu Fuß sind es von der U-Bahn-Haltestelle „Hochkreuz/Deutsches Museum" ca. 15 Minuten.

Mit dem Umzug der Bundesregierung nach Berlin im Jahr 1999 verließ auch die amerikanische Botschaft die Stadt. Ein zur Rettung der Kirche gegründeter Verein setzte sich jedoch dafür ein, dass die Stadt Bonn das Gotteshaus übernähme. So wurde am 20. Juni 1999 vor der Stimson Memorial Chapel der rote Teppich ausgerollt und unter den Klängen der amerikanischen Militärkapelle die Kapelle von Präsident Bill Clinton an die Stadt übergeben.

Seitdem hat sich die Zusammensetzung der Gemeinde zwar geändert, aber sie ist nach wie vor lebendig: Zu den protestantischen Gottesdiensten kommen Vertreter der Vereinten Nationen, Angehörige von ausländischen, im Rheinland ansässigen Firmen sowie englischsprachige Afrikaner. Und auch die Christen aus Korea und Sri-Lanka fühlen sich in der Stimson Memorial Chapel zu Hause. Für die katholische Gemeinde hat im Jahr 2001 jedoch das Erzbistum Köln die Verantwortung übernommen und den Gottesdienst in die benachbarte Heilig-Kreuz-Kirche verlegt.

Während die Architektur der Kapelle unter Denkmalschutz steht, droht das amerikanisch geprägte Viertel selbst allerdings vom Stadtplan zu verschwinden. Die Wohnhäuser stehen teilweise leer, und Supermarkt sowie Klub wurden bereits abgerissen - ein Investor plant dort eine mehrgeschossige Bebauung, was das ganze Gesicht des niedrig gebauten Viertels verändern würde. Eines Tages wird nur noch die Stimson Memorial Chapel an die Zeit erinnern, als „Klein-Amerika“ am Rhein lag.

Portikus der
Stimson Memorial Chapel

BILDNACHWEIS

Alle Fotos stammen von Katja Mees, Köln, mit Ausnahme von:

S. 25: Westfälisches Industriemuseum/Annette Hudemann
S. 34: Lutz Fritsch privat
S. 36–39, 41: Zeittunnel Wülfrath
S. 42–45: Clemens-Sels-Museum, Neuss
S. 47: Siegerland-Museum, Siegen
S. 67–70: Heimatverein Mettingen e.V.
S. 73: Thönnissen, Dr. Karin
S. 84: Archiv Harpen AG
S. 100: Hubrich, Stadt Gelsenkirchen
S. 114: Landschaftsverband Westfalen-Lippe, Westfälisches Museum für Archäologie – Amt für Bodendenkmalpflege

Der kultige Wanderhit mit Wanda und Paul

BACHEM *freizeit*

Alles im Wanderland

Band I
ISBN 3-7616-1412-8

Band II
ISBN 3-7616-1438-1

Band III
ISBN 3-7616-1666-X

Alle Bücher sind in Ihrer Buchhandlung erhältlich

J.P. BACHEM VERLAG
www.bachem-verlag.de

BACHEM *freizeit*

Die beliebten Freizeitführer

Erlebnis Bergisches Land und Oberbergisches Land
ISBN 3-7616-1701-1

Erlebnis Eifel
ISBN 3-7616-1635-X

Erlebnis Erftkreis
ISBN 3-7616-1614-7

J.P. BACHEM VERLAG
www.bachem-verlag.de